Flavia Mazelin Salvi

ZEN
und die Kunst,
zu zweit
zu leben

Flavia Mazelin Salvi

ZEN
und die Kunst, zu zweit zu leben

Aus dem Französischen von Renate Stolze

O.W. Barth

Die französische Originalausgabe erschien 2005 unter dem Titel
»Vivre zen à deux«
bei Presses du Châtelet, Paris

Die Folie des Schutzumschlags sowie die Einschweißfolie
sind PE-Folien und biologisch abbaubar.
Dieses Buch wurde auf chlor- und säurefreiem Papier gedruckt.

Besuchen Sie uns im Internet: www.ow-barth.de

Neuausgabe 2010

Umschlaggestaltung: ZERO Werbeagentur, München
Druck und Bindung: CPI – Ebner & Spiegel, Ulm
Printed in Germany
ISBN 978-3-426-29148-1

2 4 5 3 1

Für Olivier, meinen Roshi

禪

Die beiden Spiegel reflektieren sich gegenseitig.

Koan

Inhaltsverzeichnis

III. FÜR DIE BEZIEHUNG SORGEN

IV. MIT LIEBE LIEBEN

Prolog

Erwarten Sie von Zen nicht, dass Sie wie von einem sanften Wiegenlied in Schlummer gehüllt werden.
Erwarten Sie nicht, dass Zen Ihnen die Sicherheit gibt, dass alles gut wird.
Erwarten Sie nicht, dass Zen Sie zum Bewohner der »Gefilde der Glückseligen« macht.
Erwarten Sie von Zen nicht, dass Sie zu einem besseren Menschen werden.
Erwarten Sie nicht, dass Zen eine Antwort für Sie bereithält.
Erwarten Sie nichts von Zen.
Außer, dass Zen Sie dorthin bringt, barfuß und mit leeren Händen, wohin Sie sich alleine noch nie hingewagt haben.
Erwarten Sie nichts von Zen.
Erwarten Sie nichts von sich.

Bescheiden Sie sich damit, gegenwärtig zu sein, Sekunde um Sekunde.

Jetzt lesen Sie diesen Text noch einmal und ersetzen Sie »Zen« durch »Paarbeziehung«.

Einführung

Wie paradox unsere Zeit doch ist! Paare finden sich so schnell, wie sie auseinandergehen, und trotzdem ist das Ideal einer dauerhaften, erfüllenden Verbindung noch nie so mächtig gewesen. Von religiösen oder sozialen Zwängen befreit, ist heute jeder von uns frei, sogar aufgefordert, das Leben zu zweit so zu gestalten, wie es ihm entspricht.

Trotzdem ist diese große Freiheit – wie immer, wenn Käfige sich öffnen – von Angst und Schuldgefühlen begleitet. Wie kann man sicher sein, den »Richtigen« oder die »Richtige« zu wählen? Auf welche Kriterien seine Entscheidung für ein Leben zu zweit gründen?

Auch die Vorstellungen darüber, was eine gelungene Paarbeziehung ausmacht, haben sich weiter entwickelt. Es geht nicht mehr so sehr um die »Dauer« als um Entfaltung, als Individuum und als Paar. Die Bedürfnisse und Erwartungen sind so gestiegen, dass wir mittlerweile alles wollen: Sicherheit und ein gewisses Kribbeln, Dauerhaftigkeit und immer wieder etwas Neues, Erotik und kuscheliges Beisammensein, Ähnlichkeiten und den Unterschied. Wir wollen alles und das Gegenteil noch dazu.

Aber möglicherweise sind genau unsere Erwartungen das größte Hindernis für eine wirkliche Beziehung, und unsere festen Vorstellungen über ein Leben zu zweit wären dann die Maschen eines immer enger werdenden, keine Luft mehr lassenden Netzes, an dem wir stricken, ohne uns dessen bewusst zu sein.

Krisen überstehen, das Verlangen neu entfachen, die

Kommunikation verbessern, dem vertrauten Beisammensein mehr Raum geben ... Wir brechen fast zusammen unter den vielen Ratschlägen, Ermahnungen und Expertenmeinungen. Und wir mühen uns ab, einem Ideal hinterher zu laufen, in dem niederschmetternden Gefühl, uns immer noch mehr anstrengen zu müssen, um es zu erreichen.

Und wenn wir nun die falsche Perspektive hätten?

Wenn es bei den Anstrengungen, die wir machen, nicht darum ginge, etwas zu *haben* (mehr oder weniger), sondern darum, etwas zu *sein*?

Ein Bemühen zu sein, das uns lehren könnte, verantwortlicher und dankbarer zu werden. Auch bewusster, dass wir das, was wir suchen, vielleicht schon in Händen halten, oder uns nur bücken müssen, um es aufzuheben.

Dieses Bestreben zu sein ist die Essenz des Zen-Buddhismus. Zen ist zugleich eine Philosophie, ein spiritueller Weg und eine Religion, und das Hauptziel besteht darin, sich von den Illusionen und Vorstellungen freizumachen, die unsere Wahrnehmung der Wirklichkeit verfälschen.

Die Weisheit des Zen lehrt uns, dass wir die Realität nicht in ihrer Ganzheit umfangen und ihre tausend Geschmacksnuancen nicht genießen können, wenn wir die dualistische Vorstellung vom Dasein nicht aufgeben: reales Leben contra Traumleben, Freiheit contra Abhängigkeit, Sicherheit contra Aufbruch, Gewinn contra Verlust ...

Zen bietet kein Zauberrezept, damit »die Schuppen von den Augen fallen«, und noch weniger eine Gebrauchsanweisung mit der Garantie für einen Weg ohne Fehler. Zen lädt uns lediglich dazu ein, einzig unsere Erfahrung zu unserem Lehrer zu machen und dabei bewusster ein lebendigeres Leben zu führen.

Wenn wir eine Paarbeziehung weder als Selbstzweck noch als Ideal betrachten, das es zu erreichen gilt, sondern als tägliche anspruchsvolle und anregende Übung zur besseren Selbsterkenntnis, kann uns das helfen, mehr Ruhe und Frieden in unser Herz, unseren Geist und unsere Beziehungen zu bringen.

Wenn uns sowieso nichts und niemand ein Leben ohne Probleme garantieren kann, warum sollte man dann von einem Leben zu zweit erwarten, dass es ohne Auseinandersetzungen abläuft?

Nach Meister Hakuin sind drei Dinge wesentlich, um Zen zu praktizieren: großer Glaube, großer Zweifel und große Entschlossenheit.

Der Novize, der um Aufnahme in den Zen-Tempel ersucht, erfährt diesen Geisteszustand am eigenen Leibe. Nachdem er sein Anliegen vorgebracht hat, bleibt er ausgestreckt auf den Stufen des Tempels liegen. Stundenlang verharrt er regungslos und versucht, Wind, Schnee und Regen, sarkastischen Bemerkungen, Beleidigungen und Tritten standzuhalten – alles Mittel, um seine Motivation zu prüfen.

Diese Initiation wird im Zen »im Garten warten« genannt. Man kann sich leicht vorstellen, welche Gefühle der junge Mönch in dieser Wartezeit durchlebt, während er die Zähne zusammenbeißt und darauf achtet, keine Bewegung zu machen: Wut, Hass, Traurigkeit, Kummer, Ärger, Scham, Selbstverachtung, Verzweiflung.

Während es Beleidigungen, Spott oder Tritte hagelt, hat er keine andere Wahl, als sich seine Motivation vor Augen zu führen: »Was will ich wirklich?« – »Lohnt das denn die Mühe?« – »Welchen anderen Weg könnte ich noch einschlagen?« – »Würde mir ein anderer Weg das bringen, was ich suche?« – »Was suche ich denn nun wirklich?«

So geht es auch uns, bevor wir uns auf eine Paarbeziehung einlassen. Allein, von Fragen bestürmt, abwechselnd voll Mut oder Feigheit, mal geneigt, die Herausforderung anzunehmen oder aber einfach davonzurennen.

Es steht uns frei, abzulehnen oder uns einzulassen. Beim Zen ist das Ergebnis nicht so wichtig. Es gibt weder ein gutes noch ein schlechtes Ergebnis. Einzig und allein der Geist, in dem man handelt, ist entscheidend.

Letzten Endes haben wir alle die Wahl, ob wir unser Leben in der trügerischen Bequemlichkeit des Dämmerschlafs leben wollen oder in der Klarheit und Kraft, die ein erleuchteter Geist hervorbringt.

Großer Glaube, großer Zweifel und große Entschlossenheit.

Auch ein Leben zu zweit fordert keine anderen Qualitäten.

Was ist Zen?

In Indien gibt es dafür das Wort *dhyana,* in China *ch'an* und in Japan *zen.* Drei Worte, um den Vorgang der Meditation zu bezeichnen. Drei Worte, um eine Philosophie, eine Religion und eine spirituelle Praxis zu definieren.

Vor 2500 Jahren, nach sechs Jahren eines Lebens als Nomade und Asket, beschloss Siddharta Gautama, damals fünfunddreißig Jahre alt und fest entschlossen, den Weg seiner spirituellen Suche bis ans Ende zu gehen, so lange zu meditieren, bis sich ihm die Ursachen für das Leiden der Menschen und die Mittel, sie davon zu befreien, enthüllt hätten. Unter einem Baum am Ufer des Ganges auf einem Kräuterkissen in der Lotus-Position sitzend, begann er zu meditieren. So verbrachte er neunundvierzig Tage und Nächte, ohne zu essen und zu trinken, reglos wie ein Felsen.

In der Morgendämmerung des neunundvierzigsten Tages beendete er seine Meditation mit einem Schrei. Er war zur ultimativen Wahrheit erwacht. Er war zu einem Buddha, einem Erwachten geworden.

Wunder der Wunder! Im Innersten sind alle lebenden Wesen Buddhas. Sie wissen es nicht, weil sie ihrem trügerischen Denken verhaftet sind. Bis zu diesem Moment habe ich geglaubt, dass alle Wesen auf dieser Welt in Elend, Schmerz und großem Unglück leben. Aber sind nicht in Wahrheit alle Wesen in einem Zustand absoluter Vollkommenheit auf dem Weg zur Erleuchtung? Ist nicht jeder so, wie er im gegenwärtigen Augenblick ist, ein vollkommenes Wesen, ohne den geringsten Makel? So sagte er im Wesentlichen.

Für den Buddhismus sind also alle Wesen vollkommen. Sie müssen sich nicht verbessern und nicht ändern, um »mehr« oder »besser« zu werden. Sie müssen sich nur – und das ist allerdings keine Kleinigkeit – von den Illusionen frei machen, die die Wirklichkeit verschleiern, Glaubensüberzeugungen schaffen und Leiden hervorbringen.

Um die Schleier der Illusion fallen zu lassen, gibt es kein anderes Mittel, sagt uns Zen, als all unsere Aufmerksamkeit auf den gegenwärtigen Moment zu richten, auf die Realität, so wie sie in genau diesem Moment ist, und das mit allen Fasern unseres Körpers und unseres Geistes.

Sechs Jahrhunderte nach dem Erwachen des Siddharta Gautama brachte ein ceylonesischer Mönch, Bodhidharma, die Praxis der Sitzmeditation nach China. Es dauerte noch einmal sieben Jahrhunderte, bis aus dem chinesischen *ch'an* in Japan Zen wurde. Dort lehrten zwei große Meister, Eisai und Dôgen, die Grundlagen dieses spirituellen Weges, der darauf zielt, das Ego aufzugeben, vollkommenes Bewusstsein des gegenwärtigen Moments zu erreichen und die Realität anzunehmen, so, wie sie ist.

Welche Mittel kommen bei dieser Praxis zur Anwendung? Die Sitzmeditation *(zazen),* Sitzungen mit Dialogen zwischen Meister und Schülern *(mondo),* die Beschäftigung mit *koans,* diese rätselhaften kleinen Sätze, die dazu bestimmt sind, die Routine unserer normalen Gedankengänge aufzubrechen, aber auch die Kalligraphie, die Kunst des Blumenarrangements, die Teezeremonie und die Kampfkünste gehören im weiteren Sinne dazu. Ebenso Übungen, die den Geist ausdauernd, einfach und stark machen.

Seit den 70er Jahren stößt Zen hier im Westen auf geradezu schwärmerische Begeisterung. Im Bewusstsein, dass sich wahres Wohlbefinden nicht in der Anhäufung und im Genuss materieller Güter finden lässt und gesellschaftlicher Erfolg bei der Entfaltung des Individuums keine ausreichende Befriedigung bietet, werden immer mehr westliche Menschen von diesem spirituellen Weg angezogen, der keinen Chef kennt und dazu einlädt, Abstand zu den Dingen zu gewinnen, und Frieden für Körper und Geist verspricht.

Aber täuschen wir uns nicht. Zen wird zwar jetzt an alle Saucen gerührt, von den leichtesten bis zu den unverdaulichsten, aber im Gegensatz zu dem, was der schrankenlose Gebrauch des Wortes vermuten lässt – das ebenso eine »coole« Person wie einen schlichten Raum bezeichnen kann –, ist es nicht gleichbedeutend mit Prinzipienlosigkeit oder Trägheit.

Ganz im Gegenteil, diese einfache und herbe Philosophie preist die Ausdauer, die Entschlossenheit und die individuelle Verantwortlichkeit. Es geht darum, aus dem, was man hat, und manchmal ohne das, was man gerne hätte, das Beste zu machen. Ohne zu murren, ohne sich zu verweigern und ohne es auf später zu verschieben. Dazu ermahnt uns Zen, das ist seine Lebensphilosophie.

禅

I

SICH SEINEN ÄNGSTEN STELLEN

Ihr müsst wirklich das Wesentliche eures Geistes kennen, bevor ihr innehalten und zur Ruhe kommen könnt. Wenn ihr euren Geist kennt und auf den Grund kommt, dann ist das, wie wenn sich Raum im Raum auflöst.

Ta-tu

Meistens werfen wir uns der Liebe entgegen, die Arme ausgestreckt und mit offenem Herzen, ausgehungert und dürstend, oder aber wir gehen mit vorsichtigen Schritten auf sie zu, das Herz verschlossen und die Zähne zusammengebissen. In dem einen wie im anderen Fall haben wir Angst.

Angst vor der Einsamkeit, Angst vor Enttäuschung … Zweifel und Befürchtungen nehmen viele Formen an, die die Gedankenklarheit und die Gefühle überlagern.

Der wirkliche Feind der Liebe ist die Angst. Offen oder getarnt gräbt sie sich den sichersten und verderblichsten Weg bis zu unserem Herzen.

Sie verwandelt Liebe in Abhängigkeit, den Meinungsaustausch in Machtkonflikte und die Liebesbeziehung in einen mehr oder weniger vergoldeten Käfig. Der Wunsch, sich davon völlig frei zu machen, ist vergeblich: Wie kann man etwas auslöschen, das tief im menschlichen Wesen verankert ist? Aber resignieren ist auch nicht klüger. Warum eine Bürde tragen und darunter leiden?

Zwischen diesen beiden Extremen gibt es einen Weg für uns: Bewusstwerdung.

Wenn man die eigene Angst einkreist, sie identifiziert, die Schleier, die sie verhüllen, einen nach dem anderen hebt, dann tritt ihr illusorisches Wesen klar zutage.

Wo entsteht die Angst, bevor sie sich in unseren Herzen breit macht? In unserem Kopf. In diesem Laboratorium der Fantasien, der Erinnerungen und der vielfältigen Konditionierungen. Der Angst kommt alles zupasse, sie gedeiht prächtig und ungestört, solange wir es ihr freistellen, nach Belieben zu kommen und zu gehen.

Wenn es Zen so sehr daran gelegen ist, das Denken zu bekämpfen, dann darum, weil seine Meister begriffen haben, dass vor allem unser Denken uns daran hindert, das Leben und die Liebe richtig wahrzunehmen. Unser Denken zu bekämpfen heißt, seinen Erzeugnissen den ihnen angemessenen Platz zuzuweisen und die inneren Bollwerke, die uns ein trügerisches Gefühl der Sicherheit vermitteln, eines nach dem anderen zu schleifen.

禅

1

Das Ego ausschalten

Das Ego erobern, den Menschen folgen.
Koan

Für Zen ist das wahre Selbst weder gut noch schlecht. Es existiert außerhalb von Wertvorstellungen und ist einfach da.

Darin treffen sich Zen und die Psychoanalyse. Es geht nicht darum, anders zu werden, sondern mit dem, was man ist, zurecht zu kommen, um zum Frieden mit sich selbst zu gelangen.

Meistens führen wir den umgekehrten Kampf. Wir mühen uns damit ab, uns zu ändern und uns niederzumachen mit der ständigen Leier: »Wäre ich …« Oder »Hätte ich …« Um zu seinem wahren »Selbst« zu gelangen, rät Zen, es der vielen Schichten zu entkleiden, die es ersticken und die der Buddhismus »Ego« nennt.

Das Ego zu bekämpfen wird oft als Kampf gegen den Stolz verstanden. Gegen ein aufgeblasenes, aufdringliches »Ich«.

Aber das Ego ist einfach die Vorstellung, die wir uns von uns selbst machen. Eine gute oder schlechte Vorstellung. Sie steckt in jedem positiven oder negativen Etikett, das wir uns zuschreiben.

Für Zen ist die Idee, die wir von uns selbst haben, ein Gefängnis, in das wir uns einschließen, denn sie gibt nur der Person Nahrung und nicht unserer eigentlichen, tiefsten Natur. Diese Vorstellungen können quälend oder bequem sein, aber sie sind nicht beständiger als Wolken, die am Himmel ziehen.

Käme es uns etwa in den Sinn, an einem regnerischen Novembertag zu behaupten, unser Land sei ein regnerisches Land? Würde man diese Behauptung auch an einem schönen Tag im Mai wiederholen? Das Gleiche gilt auch für uns selbst. Die Urteile, die guten oder schlechten, die man über sich abgibt, haben in Wahrheit keinen Wert, sie sind einfach der Ausdruck einer momentanen Geistesverfassung. Sie können uns Kraft verleihen, wenn sie positiv sind, oder uns lähmen, wenn sie negativ sind, aber in beiden Fällen haben sie keinerlei reale Grundlage. Sie nähren nur unsere Vorurteile und berauben uns dadurch des Reichtums der unmittelbar gelebten Erfahrung.

»Bei dieser Liebesgeschichte werde ich leiden, weil ich nicht genügend so und so bin . . .«, »Ich kann nicht glücklich sein mit jemandem, der zu sehr so und so ist . . .«

Wir halten uns manchmal für gute Psychologen, begabt mit besonderer Intuition; trotzdem sind all unsere Schlüsse und Voraussagen nur Überzeugungen, die von vorgefertigten Vorstellungen genährt werden. Über uns selbst und über den anderen.

Ob man sich nun unwürdig fühlt, geliebt zu werden, oder sich im Gegenteil für zu kostbar hält, um sich an die und die Person zu »verschleudern«, das Schema ist das Gleiche: Wir haben eine feste Vorstellung von uns, die uns dazu bringt, einen Menschen oder eine Situation mit Vorurteilen zu betrachten. Selbstverständlich fallen diese Überzeugungen nicht einfach vom Himmel, es sind die Produkte unserer Lebensgeschichte, unserer Erziehung und unserer Erfahrungen. Die Psychologie weiß, dass unsere Psyche sich im Zusammenspiel mit der Psyche anderer Menschen entwickelt hat – unserer Eltern, Verwandten, all derer, die uns erzogen haben. Wir haben Angst, Liebe, Schmerzen, Sicherheit oder Unsicherheit erlebt, und diese individuellen Erfahrungen haben Spuren hinterlassen. Sie haben unsere Psyche geformt und sind unser Erbe. Uns bleibt nicht anderes übrig, als mit diesem Erbe, das den Grundton unserer Existenz angibt, fertig zu werden, aber wir sind nicht daran gekettet. Wir haben die Möglichkeit, uns unseren eigenen Part zu schreiben.

Damit »fertig werden« bedeutet aus der Sicht von Zen, dass wir dieses Erbe anerkennen, als einen Teil von uns, das aber nicht unser ganzes Sein ausmacht.

»Zen praktizieren heißt, uns finden; uns finden heißt, uns vergessen; uns vergessen heißt, die Buddha-Natur finden, unser ursprüngliches Wesen«, sagte Dôgen, der große Zen-Meister.

Mit anderen Worten, für Zen liegt unsere wahre Natur, die ihrem Wesen nach vollkommen ist, jenseits der Erfahrungen und Konditionierungen. Sie muss nur von den Schichten von Überzeugungen, Illusionen und Leiden befreit werden, die sie ersticken.

Darum rät Zen zu mehreren Übungen. Die tägliche Meditation – die das unaufhörliche Getöse in unserem Geist zum Stillstand bringt und ihn fähig macht, das, was »hier und jetzt« passiert, zu spüren – und die Übung in vollkommener Achtsamkeit, das heißt, all unserer Handlungen und Augenblicke unseres Lebens ununterbrochen gewahr zu sein.

Nur indem wir uns vollkommen im gegenwärtigen Moment verankern und alle Wesenskräfte für das, was ist, mobilisieren, können wir die Nebel unseres Geistes auflösen und die Angriffe des Ego, seines beflissenen Assistenten, ausschalten.

Indem wir uns bedingungslos auf das »Hier und Jetzt« einlassen, schalten wir Grübeleien über die Vergangenheit und Projektionen auf die Zukunft aus.

Es sind Zeiten, die nicht existent sind. Die eine ist vergangen, die andere kommt erst noch. Die Gegenwart ist die einzige Zeit, auf die wir einwirken können und auf die die Angst keinen Einfluss haben kann.

In genau diesem Moment bin ich vollkommen bei mir, bin mir meines Atems und meiner Bewegungen bewusst, nicht im Bannkreis von Phantasien, Einbildungen, von Einschätzungen meiner selbst oder Etikettierungen, die mir die anderen verpassen, ich bin mehr als dieser Mann oder diese Frau, als dieser Beruf, diese Altersgruppe, dieser Familienstand, ich *bin*. Ganz und gar lebendig, ohne Fesseln.

Befreit von der Last des Ego zu leben, heißt all das, was unsere Existenz oberflächlich kennzeichnet, vorübergehend zu verlieren, um in unser tiefstes Inneres zu gelangen.

Wenn wir bereit sind, Rollenspiele, Etiketten, Orientierungen an der Vergangenheit oder Vorurteile hinter uns zu lassen, dann lassen wir zu, dass das Leben all seine Reichtümer und Überraschungen entfaltet.

Immer, wenn ich mir sage »Ich bin so und so« oder »Er ist so und so« oder »Ich werde es nie schaffen, zu . . .«, überlasse ich die Zügel meines Lebens meinem Ego. Ich erlaube ihm, mein Erfahrungsfeld einzugrenzen, schließe Türen und Fenster und verhindere so, dass Licht und Luft zirkulieren können. Sein Ego ausschalten heißt, es zu demaskieren. Sein Markenzeichen auf den Urteilen, Zweifeln, auf den Sehnsüchten und Gewissensbissen zu erkennen, die wir empfinden oder formulieren.

Die Liebe und das Ego bilden ein schlechtes Gespann, sie können nicht ohne Konflikte zusammenleben.

In einer Liebesbeziehung manifestiert sich das Ego jedes Mal dann, wenn man mit Vorurteilen an eine Situation herangeht, statt sie zu erleben; jedes Mal, wenn man den anderen mit einem lebenslänglichen Urteil belegt, wenn man Vergleiche mit Vergangenem anstellt, immer dann, wenn man das weite Feld dessen, was möglich ist, auf ein kleines, mit Stacheldraht umzäuntes Rasenfleckchen einengt.

Wie die Angst, so hat auch das Ego viele verschiedene Gesichter und kann auch als ein allgegenwärtiges Ich erscheinen. Im täglichen Leben sind 99 % unserer Gedanken egozentrisch: »Warum leide ich?« – »Warum habe ich Ärger?« schreibt Shunryu Suzuki.

Ebenso könnte man sagen, dass sich auch in einer Liebesbeziehung 99 % unserer Gedanken um unser Ego drehen: »Wie sieht mich mein Partner?« – »Werde ich genug geliebt? Genug begehrt?« – »Welche Beweise seiner Liebe habe ich?« Ich und nochmals Ich.

Auf allen Ebenen einer Liebesbeziehung kann sich die Tür für ein friedloses, gieriges Ich öffnen, ein Ich, das von der Liebe und von Liebesbeweisen nie genug bekommt.

Wenn wir in unseren Ängsten oder ängstlichen Projektionen das Kennzeichen des Ego, dieser Fabrikationsstätte von Ängsten und Illusionen, erkennen, ist dies der erste Schritt zur inneren Freiheit. Der erste Schritt zu einer Öffnung des Herzens.

禅

Die Übung

Die Masken des Ego

Um die verschiedenen Masken des Ego zu erkennen, gibt es nichts Besseres als eine Gegenüberstellung mit sich selbst. Machen Sie es sich an einem Tisch bequem, mit Schreibblock und Kuli in Reichweite, und sorgen Sie dafür, dass Handy, Radio, Fernsehen und Hi-Fi-Anlage ausgeschaltet sind.

Atmen Sie tief und langsam durch die Nase ein und atmen Sie langsam wieder aus, die Augen sind dabei geschlossen. Bleiben Sie für einige Minuten ganz ruhig und bewegungslos, lassen Sie die Schultern sinken, entspannen Sie Ihre Muskeln und konzentrieren Sie sich auf Ihre Atmung. Wenn Sie ganz entspannt sind, öffnen Sie die Augen und notieren Sie, ohne zu überlegen, positive und/oder negative Eigenschaften, die Sie zu haben glauben oder die Ihnen von anderen zugeschrieben werden. Dann suchen Sie in Ihrer Vergangenheit nach einer Situation, die jeweils eines dieser Attribute illustriert, und eine andere, die es widerlegt.

Wenn Sie mit dieser Übung fertig sind, haben Sie den Beweis, dass die positiven oder negativen Etikettierungen nur in einem bestimmten Moment sinnvoll sind und dass sie keinesfalls allgemein gelten können.

Die Achterbahn

Erinnern Sie sich an Momente in Ihrem Leben, in denen Sie sehr erstaunt waren. Im positiven oder negativen Sinn. An eine Herausforderung, die Sie annahmen, einen errungenen Sieg, ein unvorhergesehenes Missgeschick, ein

Verhalten, das Sie oder Ihr persönliches Umfeld durcheinanderbrachte …

Sie haben dabei jeweils Stolz, Freude, Scham oder Angst empfunden.

Diese Reaktionen, diese Gefühle waren zu einem bestimmten Zeitpunkt Ihres Lebens ein Teil von Ihnen, aber sie waren nicht Sie selbst. Sie sind nicht im Schamgefühl kleben geblieben, Ihre Freude mündete nicht in ewige Seligkeit. Sie haben lediglich zu einem bestimmten Zeitpunkt diese oder jene Erfahrung gemacht.

Wie soll man denn an die Beständigkeit von Etikettierungen und Werturteilen glauben, die für einen selbst unberechenbar sind? Wie an die Realität des Ego glauben?

Die Frage zum Meditieren

Ist es besser, die Person einzukleiden
oder den Menschen zu nähren?

2

Die Illusionen auflösen

Freier Geist, freie Umgebung.
Koan

Im Zen werden Illusionen *bonno* genannt. *Bon* bezeichnet das, was beunruhigt oder verwirrt, und *no* das, was einen leiden lässt. Für Zen ist die Illusion also zugleich Quelle des Leidens und der Verwirrung.

»Ich war nicht mehr ich selbst!«, hört man manchmal einen Mann oder eine Frau sagen, die im Rausch der Leidenschaft abgehoben waren, bevor sie ernüchtert und etwas benommen wieder auf dem harten Boden der Realität landeten. Die Liebe kann uns packen und uns unserer selbst entheben, besonders dann, wenn wir erwarten, dass sie unserem Leben einen Sinn gibt.

»Der andere Teil von mir«, »der Mann oder die Frau meines Lebens«, »das, wofür ich lebe« ... Das sind Formulierungen, die für sich sprechen und unseren Wunsch nach existenzieller Erfüllung zum Ausdruck bringen.

Wir erwarten von unserem Partner Trost, Zustimmung, Unterstützung, Spaß, Zerstreuung und Sicherheit, um der Einsamkeit, der Langeweile, der Traurigkeit, der Leere, letztendlich dem Leiden zu entgehen. Das Leben zu zweit als Gegenmittel gegen das Leiden am Leben. Dieser Erwartung sind wir uns oft nicht bewusst und wir sind bereit, einen hohen Preis dafür zu zahlen.

Alles, nur um nicht mit sich allein leben zu müssen.

Aber, und das ist das Paradoxe daran, wenn man dann als Paar zusammenlebt, erlischt dieses Verlangen trotzdem nicht, im Gegenteil, es wird stärker. Natürlich wartet da nur die Enttäuschung! Wenn wir dann nicht zufriedengestellt, geliebt, begehrt werden, so, wie wir uns das vorstellen und wünschen, dann jammern wir, dass wir verraten worden sind. Was für eine Enttäuschung – wir wollten doch keine Routine, keine Konflikte, keine anstrengenden Diskussionen!

Wir werden nur enttäuscht, wenn wir Hoffnungen gehegt haben. Wir sind nur dann frustriert, wenn wir etwas haben wollten.

Was passiert, wenn man ein Geschäft ohne eine feste Kaufabsicht betritt? Man flaniert von einem Objekt zum anderen. Vielleicht hat man Glück und findet etwas, vielleicht auch nicht. Und geht man denn verbittert wieder heraus, wenn man nichts gekauft hat? Bestimmt nicht. Und kann man schon sagen, dass es morgen, in einem anderen Laden, wieder so sein wird? Genau so wenig.

Handeln ohne die Absicht, etwas dafür bekommen zu wollen, ist das, was im Zen *mushotoku* genannt wird: absichtslos und ohne Gewinnstreben.

Wenn man eine Beziehung zu jemand in der Geisteshaltung des *mushotoku* lebt, kann man weder frustriert noch enttäuscht sein. Frei von jeglicher Erwartung, von jedem vorgefassten Urteil, ist man befreit von Illusionen.

Mushotoku zu praktizieren bedeutet harte Arbeit. Es ist notwendig, dass man seine Ängste und Erwartungen erkennt und benennt, vor allem aber, dass man zu der Erkenntnis bereit ist, dass nichts und niemand uns ein Leben ohne Leiden garantieren kann.

Haben wir als Kinder nicht manchmal unter den Eltern

gelitten, auch wenn sie uns liebten? Unser Gefühlsleben kann sich nicht ohne Verletzungen entfalten.

Diese Wahrheit zu akzeptieren heißt, sich gegen die gefährlichste aller Illusionen zu wappnen: nämlich zu glauben, dass irgendetwas, das von außen kommt, uns innere Sicherheit bieten könnte.

Wenn wir es wagen, uns in der Haltung des *mushotoku* in eine Liebesbeziehung zu begeben, ohne Erwartung und ohne Absicht, dann nehmen wir nicht mehr Risiken auf uns, als wenn wir uns gepanzert oder mit einem Herzen voller Hoffnung hineinbegeben. Wir geben uns ganz einfach die Chance einer lebendigen Erfahrung mit all ihren Möglichkeiten.

»Wenn du den Buddha triffst, töte ihn!« Diese berühmte Antwort des Meisters Linji (japanisch Rinzai) ist sehr verwirrend.

Es gehört nicht viel Phantasie dazu, sich in die Lage des Schülers zu versetzen, der diese brutale Belehrung erhalten hat. »Wie kann mir ein großer Meister zu einem so gewaltsamen Sakrileg raten?«, muss sich dieser erstaunte Schüler gefragt haben, bevor er begriff, dass sein Meister ihn aufforderte, seinen religiösen Überzeugungen an den Lebensnerv zu gehen, und seien sie auch noch so heilig.

»Wenn du den Märchenprinz triffst, dann töte den Märchenprinzen (oder die Prinzessin)!«, könnte man gleichsetzen.

Denn der Buddha oder der Märchenprinz existieren nicht an sich, sie sind nur Konstruktionen unseres Geistes. Ein mehr oder weniger homogenes Gerüst von Glaubensüberzeugungen, Phantasiegebilden, Erinnerungen, Ängsten und Erwartungen, auf das wir uns stützen, um Mut und Hoffnung zu schöpfen.

»Den Buddha töten« ist gewiss das Schwerste und Heilsamste, was zu tun ist, um an innerer Kraft und Freiheit zu gewinnen.

Wir sind in dem Glauben erzogen worden, dass wir uns größten Gefahren aussetzen, wenn wir uns nicht auf das, was die Zukunft bringt, vorbereiten. Eine seltsame Weisheit, die darin besteht, sich gegen das Unbekannte zu wappnen!

Unsere Erwartungen sind wie Schutznetze, die wir um uns aufspannen. Werden sie erfüllt, verstärkt sich unser Gefühl von Sicherheit. Ist das aber nicht der Fall, dann schließen wir daraus, dass wir sie in anderer Richtung ausbreiten müssen.

So versucht man auch, bei einer sich anbahnenden Liebesbeziehung so viele Informationen wie möglich über den »Erwählten« zu sammeln. Man holt die Meinung von Nahestehenden ein, befragt die Sterne oder die Wahrsager, um ohne Zeitverlust zu erfahren, ob »es der Richtige ist oder nicht«. Mit einer Phantomzeichnung von demjenigen ausgerüstet, der unser Leben schöner und angenehmer machen wird, glauben wir die Fehlerquote reduzieren zu können und das Peinliche einer falschen Begegnung zu vermeiden.

Und wenn uns im Glücksfall das Leben den oder die zuführt, die wir erwartet haben, dann töten wir sie selbstverständlich nicht! Ganz im Gegenteil.

Wir begeistern uns, je mehr unsere ursprünglichen Erwartungen erfüllt werden. »Das ist wirklich der Mann oder die Frau meiner Träume«, seufzen wir dann, fast betäubt von so viel Überfluss.

Inzwischen gedeiht der Buddha vor unseren Augen, genährt von unseren Überzeugungen, gelabt von unserer

Dankbarkeit. Bis eines Tages ein kleiner Sprung sichtbar wird, kaum wahrnehmbar, der dann immer deutlicher zu sehen ist, bis er sich schließlich in einen bedrohlich klaffenden Riss verwandelt hat, der durch die festen Mauern unserer Partnerschaft geht.

Der Buddha bekommt Risse, sein Gesicht verliert an Glanz, seine Worte sind nicht mehr süß wie Honig, er ist nicht mehr derjenige, der uns sanft ins Gelobte Land führt. Sein Gesicht ist das eines Fremden, seine Worte sind brutal und gemein, Enttäuschung und Kummer machen sich in unserem Herzen breit. Die Person, die wir von ganzem Herzen geliebt haben, ist verschwunden. Der Buddha ist gestorben, weil wir ihn nicht getötet haben, als wir ihn trafen.

In Wahrheit existierte der Mensch, der unseren Erwartungen so sehr entsprach, gar nicht. Wir selbst haben ihn geschaffen, gekleidet und genährt. Er ist unsere Kreatur, im etymologischen Sinn des Wortes.

Die englische Schriftstellerin Daphné du Maurier, Autorin des Romans *Rebecca,* nannte ihre Geschöpfe »Kleiderständer«. Gewisse Personen aus ihrer Umgebung dienten als Vorlage für ihre Phantasien. Da ihr bewusst war, dass diese Geschöpfe keine andere Realität hatten als diejenige, die sie ihnen gab, veränderte sie sie ihrer Inspiration und ihrer Stimmung entsprechend, ohne jemals den Irrtum zu begehen, sie als wirkliche Menschen zu betrachten. Sie wusste zwischen Mensch und Figur zu unterscheiden. Sind wir sicher, dass wir das in unseren Liebesbeziehungen auch tun?

Der Ausdruck »tomber amoureux«, sich verlieben – (ähnlich wie im Englischen »to fall in love«, enthält er »fallen«, im Deutschen gibt es dafür kein Äquivalent, d. Ü.) –

sollte uns schon alarmieren. Ein Sturz impliziert mangelndes Gleichgewicht, ein Zustand, der nicht dazu taugt, klare und hellsichtige Gedanken zu fassen. Im fiebrigen Zustand des Verliebtseins läuft unser Geist auf Hochtouren: Projektionen auf die Zukunft, Vergleiche mit der Vergangenheit, ein völliges Versinken in Emotionen.

Wir werden von einem wahren Wirbelwind mitgerissen und sind so begierig, unsere Wünsche und Bedürfnisse mit der Realität übereinzubringen, dass wir sie damit bepflastern, ohne uns darüber im Klaren zu sein. Mehr brauchen wir nicht, um »lieben« und »verliebt sein« durcheinander zu bringen. Und in einen sentimentalen Idealismus zu verfallen. Genau an diesem Punkt unserer Liebesbeziehung beginnen wir, euphorisch und geblendet, damit, unseren Partner zu unserem »Kleiderständer« zu machen, statt den Buddha zu töten.

»Wenn ihr Idealisten seid, dann habt ihr eine Vorstellung von Errungenschaften in euch; wenn ihr dann euer Ziel oder euer Ideal erreicht habt, schafft eure Vorstellung von Errungenschaften ein anderes Ideal ... Da die Verwirklichung eurer Ideen immer vor euch liegt, opfert ihr euer Jetzt für eine ideale Zukunft.«, warnt Shunryu Suzuki.

Eine Geisteshaltung, die auch Taïsen Deshimaru nicht gut heißt.

»Wenn wir ein Ziel haben, kommen wir nicht vorwärts. Wenn wir keins haben, erkennen wir, dass wir nichts sind. Also können wir ganz ruhig sein.«

Ruhig, weil wir von Illusionen befreit sind, die aus Erwartungen und Phantasien entstehen und uns nicht nur daran hindern, den anderen so zu sehen, wie er ist, sondern auch daran, die köstliche Frische einer Liebesgeschichte ohne vorgefasste Meinungen zu genießen.

Wie das Ego, so haben auch Illusionen verschiedene Formen. Sie hängen mit unserer Lebensgeschichte und unseren Erfahrungen zusammen.

In der Liebe kann man vier nennen, die am häufigsten vorkommen:

- Die Illusion der Verschmelzung (ohne den anderen bin ich nichts);
- Die Illusion des Getrenntseins (wir sind voneinander unabhängig);
- Die Illusion des Vorherwissens (ich kenne das Wesen und die Form unserer Beziehung von vorn herein);
- Die Illusion der Dauerhaftigkeit (was heute ist, wird auch morgen so sein, im positiven oder negativen Sinne).

Immer dann, wenn wir mit einer dieser Haltungen an eine Liebesbeziehung herangehen, verdammen wir uns früher oder später zum Leiden.

Ganz zu Beginn einer Liebesgeschichte sollte unsere Hauptfrage nicht sein: »Wird das nun endlich der Richtige sein?«, sondern vielmehr: »Bin ich nicht gerade dabei, meinen Buddha zu mästen, statt ihn zu töten?«

Wir sollten nicht vergessen, dass unsere größten Illusionen unsere größten Ängste verstärken, statt sie zum Verschwinden zu bringen.

禅

Die Übung

Die Gesichter unserer Illusionen
Streichen Sie an, was auf Sie zutrifft:

- ❒ Ich habe kein Glück in der Liebe
- ❒ Ich habe Angst, betrogen zu werden
- ❒ Ich habe Angst, verlassen zu werden
- ❒ Wenn ich alles gebe, bleibt mir nichts
- ❒ Ohne sie (ihn) ist das Leben nicht viel wert
- ❒ Ich mag nur den Anfang von Liebesgeschichten
- ❒ Ich kenne ein ideales Paar
- ❒ Ich habe schon so viel gelitten, ich will nicht mehr leiden
- ❒ Ich habe endlich den Menschen fürs Leben getroffen
- ❒ Ich werde immer von der gleichen Sorte von Partnern angezogen
- ❒ Im Lauf der Zeit wird sein/ihr wahres Gesicht zum Vorschein kommen
- ❒ Wenn man sich schützt, vermeidet man zu leiden
- ❒ Ich gebe mehr als ich bekomme
- ❒ Ich habe Angst, ihn (sie) zu enttäuschen
- ❒ Ich brauche Liebesbeweise

Sie kennen jetzt jeden Ihrer persönlichen Dämonen von Angesicht. Niemand wird sie für Sie töten. Sie haben die Wahl: Entweder nähren Sie sie weiterhin oder Sie stellen sich ihnen entgegen und weigern sich, sich von ihnen in Besitz nehmen zu lassen. Dafür reicht es schon, sie zu benennen, sobald Sie ihr Gesicht erkennen, und sich dabei zu sagen: Illusion!, um ihr Vordringen zu stoppen.

All das, was Sie über die Liebe glauben, ist die Frucht Ihrer Erlebnisse in der Vergangenheit oder Ihres Unterbewussten. Sicherlich sind diese Überzeugungen stark und mächtig, aber sie verlieren an Macht, sobald Sie aufhören, sie als wirklich zu betrachten.

Sie glauben also, dass Sie kein Glück in der Liebe haben? Dieser Glaube beruht auf einer oder mehreren unglücklichen Erfahrungen in der Vergangenheit. Nur, wenn Sie ihr das zugestehen, hat die Vergangenheit die Macht, sich zu wiederholen. Wenn Sie die Überzeugung »Ich habe kein Glück in der Liebe« heute einfach als solche erkennen, berauben Sie sie ihrer Macht.

Eine Übung, kein Problem

Sie finden, dass Ihr Partner zu viel oder nicht genug redet, Ihnen nicht zuhört, die Kinder oder seine Arbeit an die erste Stelle stellt und Sie vernachlässigt. Das Ergebnis, in groben Zügen: Sie werden wütend, Sie rächen sich, Sie hören auf, sich für Ihre Beziehung einzusetzen …

In solchen Fällen spricht man allgemein von »Beziehungsproblemen«. Eine nicht sehr motivierende Definition, die eher geneigt macht, die Arme sinken zu lassen, als Kreativität an den Tag zu legen. Sagen Sie sich beim nächsten Konflikt oder beim nächsten Hindernis: »Seine Wut, sein Mangel an Zuwendung und meine Reaktionen darauf bedeuten für mich eine Übung. Wenn Sie das Wort »Problem« durch das Wort »Übung« ersetzen, dann verändern Sie etwas an Ihrem Geisteszustand. Sie lösen die Illusion der Zwangsläufigkeit auf, die auf Ihrer Beziehung lastet. Vorsicht vor Allgemeinplätzen! Sie geben eher wieder, was wir glauben, statt die Realität so, wie sie ist, zu erfassen.

Die Frage zum Meditieren

Wer wären Sie ohne ihn (ohne sie)?

3

Innerlich zur Ruhe kommen

Gründlich kauen, dann ist es unmöglich, Hunger zu haben.

Koan

Ein aufgeregter Geist bereitet der Angst oder dem »sentimentalen Idealismus«, um mit Suzuki zu sprechen, den Boden. Der Zustand des Verliebtseins begünstigt den Gedankenflug der Phantasie oder ängstliche Überlegungen. Er bewirkt, dass wir außer uns geraten und in eine imaginäre Zukunft streben oder wieder in eine verschwundene Vergangenheit eintauchen. Aus diesen emotionalen Turbulenzen entstehen oft übereilte Entscheidungen, Fehlurteile und der Wunsch zu flüchten.

Am liebsten hätte man alles und das sofort. Oder aber man möchte sich verbarrikadieren, um nur keine Beziehung zu erleben, bei der man – zu Recht oder zu Unrecht – das Gefühl hat, sie könnte gefährlich für die eigene Sicherheit oder das emotionale Gleichgewicht werden.

In diesen aufwühlenden Momenten würden wir gerne einen kühlen Kopf und den Überblick bewahren. Aber merkwürdigerweise machen wir genau das Gegenteil von dem, was notwendig wäre, um Ruhe für Herz und Geist zu finden. Wir nehmen die Worte und Absichten desjenigen, den unser Herz erwählt hat, und interpretieren sie, bitten den einen oder anderen um seine Meinung, wir entwerfen Strategien der Liebe oder arbeiten Verteidigungssysteme aus. Wir werden zu wahren Militärstrategen, um für alle Eventualitäten gewappnet zu sein. Und indem wir das tun, entfernen wir uns Minute um Minute, Stunde um Stunde von der so sehnlich gewünschten heiteren Gelassenheit.

Es gibt kein Wundermittel, um sie wieder zu erlangen, aber es gibt einen Weg, den wir jedes Mal dann einschlagen können, wenn wir fühlen, dass Geist und Herz verwirrt sind: den Weg zu sich selbst.

Diesen Weg kann man erst dann finden, wenn die Lautsprecher des Geistes verstummen, wenn es einem gelingt, im Dschungel der Verwirrung wieder seinen Weg zu finden. Indem man innerlich zur Ruhe kommt.

Sich in Ruhe üben und zu sich selbst kommen, heißt nicht, dass man sich von seinen Gefühlen abschneidet, und auch nicht, dass man sich ungerührt gibt.

Im Gegenteil, die Übung, wahrhaft zur Ruhe zu kommen, besteht darin, das Getöse, das unser Überschwang hervorruft, zu dämpfen. Wenn aufgewühltes Wasser zur Ruhe kommt, wird es klar. Das Gleiche passiert mit unseren Gedanken und Gefühlen. Wenn man zu sich selbst kommt, wird man wieder man selbst.

Dazu bedarf es keiner Beschwörungen noch Gebete, es genügt, in bewussten Schritten zum gegenwärtigen Moment zurückzukehren.

Das »Hier und Jetzt« des Zen gehört unbestreitbar schon zu den geflügelten Worten. Gestern ist nicht mehr, morgen ist noch nicht, nur die Gegenwart ist wirklich. Nostalgische Erinnerungen und ängstliche oder optimistische Projektionen sind nur Konstruktionen unseres Geistes, die auf keinerlei Realitäten beruhen.

»Heute wird es nicht so gut wie gestern«, »Morgen wird es besser werden« ... Auf welche Grundlagen stützen sich diese Gewissheiten? Auf den Treibsand unserer Einbildungen. Es sind nur Trugbilder. Die Gegenwart ist die einzig wirkliche Zeit, weil sie es ist, die wir mit unserem Körper erleben.

Wenn man aber Körper und Geist voneinander trennt, dann bemächtigt sich unserer die Verwirrung und beraubt uns des einzigen Ortes, von dem aus wir frei und bewusst agieren können.

Einzig und allein die Gegenwart steht uns zu Gebote. Das, was ich fühle, was ich erlebe, was ich entscheide, hier und jetzt, ist höchster und stärkster Ausdruck meiner Freiheit.

Indem wir uns mit Körper und Geist ganz und gar dem, was ist, zuwenden, befreien wir uns von einer Vergangenheit, die nicht mehr ist, und weichen nicht in eine Zukunft aus, die noch nicht ist.

Wenn wir nicht wissen, wie wir uns entscheiden sollen, wenn das Morgen uns bedrohlich erscheint und das Gestern wie ein verlorenes Paradies, dann sollten wir unverzüglich zu dem, was ist, zurückkehren! Wieder den Boden unter unseren Füßen spüren, die Luft schmecken, die wir gerade einatmen.

Mitten aus der Angst, Verwirrung und Unschlüssigkeit heraus ins »Hier und Jetzt« zurückzukommen, macht es möglich, all die parasitären Geister aus unserem Herzen und unserem Körper zu verjagen.

Stellen wir uns einmal vor, dass Sie sich gerade die angstvolle Frage stellen, welche Entscheidung die richtige ist: »Zusammenleben oder nicht?« oder aber: »Soll ich ihn verlassen oder nicht?« Eine ganz wichtige Frage, die Ihr Leben angeht.

In Ihrem Kopf tobt die Schlacht der Argumente: Mal

werden Sie zum Vertreter der Anklage, mal nehmen Sie die Position des Verteidigers ein. Sie stellen eine Liste von Argumenten auf, von denen eines so gültig ist wie das andere, und schließlich wissen Sie gar nicht mehr weiter. Sie glauben dann, dass Ihnen vielleicht der Rat von Menschen, die Ihnen nahestehen, helfen könnte, klar zu sehen. Sie lauschen deren Erfahrungen und Ratschlägen, ohne sich immer darüber bewusst zu sein, dass diese ausschließlich subjektiven Erfahrungen entspringen. Sie verlieren Zeit und Energie damit, die Worte und Vorschläge hin und her zu wenden. Sie wissen nicht mehr, woran Sie sind, Sie haben Angst, und das mit Recht. Denn bei dieser Verwirrung kann nichts Gutes herauskommen.

Wenn Sie die Möglichkeit hätten, all Ihre eigenen und die Gedanken der anderen vor sich auszubreiten, dann würden Sie merken, dass drei Viertel davon auf längst vergangene Erfahrungen oder auf pessimistische oder optimistische Projektionen auf die Zukunft zurückzuführen sind. Sie aber sind mit Ihrer Frage schon seit langem auf dem Holzweg. Genau von dem Moment an nämlich, wo Sie die Pforten Ihres aufgewühlten Geistes geöffnet haben: »Sollen wir zusammen leben?«, »Soll ich ihn verlassen?«

Wie wollen Sie denn hier und jetzt diese Frage beantworten, während Sie vor Angst und innerer Unruhe zittern?

»Hier keine Angst, das ganze Leben keine Angst«, heißt es in einem berühmten *Koan.*

Sie müssen dringend wieder zu sich selbst kommen. Dorthin, wo sich Ihr Körper befindet, muss Ihr Geist zurückkommen. In dieses Zimmer, auf diesen Stuhl, in diese Minute – dorthin, wo Sie, Ihres Selbst verlustig gegangen, von einem Gedanken zum anderen irren, zwischen gegensätzlichen Richtungen hin und her gerissen. Vergessen Sie für einen Moment die Ausgangsfrage.

Bleiben Sie ganz ruhig sitzen, schließen Sie die Augen, entspannen Sie sich, atmen Sie durch die Nase tief ein und aus, konzentrieren Sie sich ganz auf Ihre Atmung und lächeln Sie dabei. Fühlen Sie Ihren Herzschlag, der langsam ruhiger wird, und genießen Sie diese Welle der Ruhe, die sich in Ihnen ausbreitet.

Jene Ruhe, die Ihrem tiefsten Inneren entspringt und Sie in Erstaunen setzen wird. Einfach deshalb, weil Sie hier und jetzt zu sich gekommen sind, an diesen intimen Ort, der nur Ihnen bekannt ist und von dem Sie weder Angst noch Verwirrung vertreiben können. Sie werden keine fix und fertige Antwort auf Ihre anfängliche Frage bekommen und auch keine Lösung des Problems durch Zauberhand. Aber immer dann, wenn die lauten Stimmen in Ihrem Geist die Oberhand gewinnen, dann können Sie unverzüglich antworten: »Was habe ich hier und jetzt zu befürchten?«

Die Aufmerksamkeit auf den Atem gerichtet, der Festigkeit Ihres Körpers bewusst, mit beruhigtem Herzen und klarem Geist können Sie antworten: »Nichts.«

Im Laufe der Zeit verlieren die lauten Stimmen in Ihrem Kopf an Kraft, Ihr Geist wird weiter und ruhiger.

Wenn Sie Kopf und Herz die Ruhe verschaffen, die notwendig ist, um gute Entscheidungen zu treffen, geben sie Ihnen die richtige Antwort auf Ihre Fragen.

Das erspart Ihnen nicht den Schmerz, der mit gewissen Entscheidungen verbunden ist, aber diese Entscheidungen sind dann in einem freien und bewussten Prozess zustande gekommen.

Zen verspricht Ihnen kein angenehmeres, sondern ein

freieres, weil mit vollem Bewusstsein gelebtes Leben. Dort ist unsere wahre Freiheit und Menschenwürde zu finden.

Zu sich, zum gegenwärtigen Moment zu kommen, setzt konkret voraus, dass man sich jeweils auf eine Tätigkeit konzentriert.

»Wenn ihr esst, dann esst, wenn ihr meditiert, dann meditiert«, mahnen die Zen-Meister. Man kann nicht zwei Pferde auf einmal besteigen. Wenn unser Geist und unser Körper getrennt sind, können wir nicht wirksam handeln. Dort wo unser Körper ist, muss auch unser Geist sein.

Wenn ich ein Glas Wasser zum Munde führe, kann ich nicht fühlend genießen, wie das frische Wasser durch meine Kehle rinnt, wenn ich dabei an die Einkaufsliste denke, die ich noch machen muss.

Ebenso kann ich die Gegenwart eines geliebten Menschen nicht völlig genießen, wenn mein Kopf mit der Frage beschäftigt ist: »Wie lange wird dieser Honeymoon wohl dauern?« oder auch: »Liebt er mich ebenso sehr, wie ich ihn liebe?«

In den Armen eines Geliebten besteht die Praxis des Hier und Jetzt darin, sich ganz und gar seinen körperlichen Empfindungen zu überlassen. Der Körper irrt sich nicht. Zu leben, zu sein ist ihm genug. Ich liege in den Armen des Menschen, den ich liebe, ich atme den Geruch seiner Haut ein, ich tauche ein in seine Wärme, ich gebe mich hin, ohne an das zu denken, was ich fühle. Ich bin ganz und gar in diesem Moment, von dem ich kein Fitzelchen verlieren möchte.

Was für einen Wert haben in diesem Moment Fragen nach dem Morgen oder Vergleiche mit gestern? Keinen.

Morgen sind wir vielleicht schon nicht mehr zusammen. Vielleicht bin ich darüber traurig oder erleichtert, wer weiß? Morgen sind wir vielleicht noch zusammen. Ich werde darüber glücklich sein oder genug davon haben, wie soll man das wissen?

Die Quantenphysiker betrachten die Zeit als *Kontinuum,* das heißt, die Gegenwart ist ein Kontinuum von Augenblicken. Diese Auffassung von Zeit ist die des Zen. Das bringt die Meister des Zen zu der Aussage: »Tag um Tag ist ein guter Tag.« Unter der Bedingung, dass die Gegenwart mit allen Fibern unseres Wesens erlebt wird.

Zum gegenwärtigen Moment zurückzukommen ist eine schwierige Übung, weil unsere gesamte Erziehung, all die Diktate der Gesellschaft dem Gegenteil folgen. Unsere Energie wird zur Abwehr eventueller zukünftiger Schwierigkeiten eingesetzt. Wir erziehen unsere Kinder in der Furcht vor der Zukunft. Wir arbeiten, um uns einen komfortablen Ruhestand zu sichern. Wir leben in der Angst, leiden zu müssen, verlassen zu werden. Und inzwischen geht das Leben vorbei und vorüber.

Wir alle haben schon einmal etwas bereut – eine bittere Erfahrung: »Hätte ich das gewusst, hätte ich jene Augenblicke viel mehr genossen!« Solche reuevollen Gedanken kommen oft bei einem Schicksalsschlag hoch. Wenn der Tod einen lieben Menschen viel zu früh hinweggerafft, ein angenehmes Erlebnis auf brutale Weise ein Ende gefunden hat ... Ja, ohne Zweifel hätten wir jede Sekunde mehr schätzen sollen, statt unseren Schatz an Zeit zu vergeuden wie verwöhnte Kinder. Wir hätten leben sollen, »als ob das Feuer in unseren Haaren wütet«, wie es Meister Dôgen empfiehlt. Vollkommen im Augenblick leben, Körper und Geist vereint, ohne mit etwas anderem beschäftigt zu sein.

Aber wir sind keine Zen-Meister. Jeden Augenblick mit

vollem Bewusstsein zu leben, fordert uns übermenschliche Anstrengungen ab, und wir sind eben nur Menschen und bestehen aus Impulsen, Leidenschaften, Zweifel, Gewissheiten, Ängsten. Und manchmal, wenn ein Schicksalsschlag oder das Leiden uns gerade brutal aus unserem Schlummer gerissen haben, sagen wir uns zu spät, beschämt und schuldbewusst, dass uns das nicht noch einmal passieren wird. Aber das schuldbewusste Gefühl, versagt zu haben, ist eine unnütze Bürde. Wenn wir aus dieser Quelle trinken, wird unser Durst nicht gelöscht werden.

Für Zen ist niemals etwas zu spät. Eine seiner Maximen lautet: »Jede Gelegenheit ist die beste aller Gelegenheiten.«

Wenn wir unser Versagen als die beste Gelegenheit betrachten, uns den Weg zu uns selbst zu zeigen, dann sind Fehler, Misserfolge oder Leiden keine Strafen mehr, sondern Möglichkeiten, jeden Tag unseres Lebens ganz und gar zu leben.

禅

Die Übung

Die tägliche Meditation

Zu Unrecht wird oft angenommen, dass die Meditation Eingeweihten vorbehalten ist und dass sie eine spezielle, nicht leicht zu erwerbende Technik erfordert. Das ist ein Irrtum. Meditieren ist so einfach wie atmen. Ich schlage Ihnen hier keine Technik der *Zazen* Meditation vor, wie sie in den *Dojos* gelehrt wird, sondern eine Übung, die jedem möglich ist und die überall ausgeführt werden kann.

Ort: ruhig, gut gelüftet. Stellen Sie Ihr Telefon ab und Radio und Fernseher aus.

Zeitpunkt: Morgens oder abends, je nach Vorliebe und Möglichkeiten. In jedem Fall sollte man nicht nach dem Essen meditieren, weil man dann leicht dabei einschläft.

Kleidung: weit, bequem, nicht zu warm.

Dauer: zwanzig bis dreißig Minuten.

Häufigkeit: täglich oder jeden zweiten Tag.

Haltung: Sitzend. Auf einem Stuhl, auf der Bettkante oder auf einem Teppich.

Der Rücken ist gerade, die Schultern gehen etwas nach unten, die Hände ruhen leicht auf den Oberschenkeln, die Handflächen nach oben, die Füße stehen parallel (ungefähr drei Faustbreit auseinander) fest auf dem Boden, der Blick richtet sich auf einen Punkt ungefähr anderthalb Meter vor Ihnen.

Atmen Sie tief ein, ohne Kraftanstrengung, und atmen Sie durch die Nase aus, die Nasenflügel sind immer weit geöffnet. Bleiben Sie auf Ihre Atmung konzentriert. Als Hilfe können Sie bei jedem Ein- und Ausatmen mitzählen.

Fangen Sie wieder bei Null an, wenn Sie den Faden verloren haben.

Ein wohltuendes Bad

Nehmen Sie eine Dusche und lassen Sie Wasser in die Badewanne einlaufen. Geben Sie sieben bis acht Tropfen ätherisches Lavendelöl ins Wasser. Machen Sie es sich in der Wanne bequem, während sie vollläuft. Vorher haben Sie eine Kerze angezündet und Ihr Handy weit weg abgelegt. Bitten Sie Ihre Lieben, Sie für eine Dreiviertelstunde nicht zu stören.

Wenn die Wanne voll ist, strecken Sie sich aus und schließen die Augen. Atmen Sie tief durch die Nase ein und dann sanft, ohne Kraftanstrengung, wieder aus. Spannen Sie abwechselnd die Muskeln Ihrer Beine an und entspannen Sie, zwei oder dreimal, und machen Sie dann das Gleiche mit Ihren Armen (die Fäuste sind geschlossen). Jetzt entspannen Sie Ihre Schultern und Ihre Kinnlade (der Mund ist halbgeöffnet, die Zungenspitze berührt von innen die Vorderzähne) und entspannen Sie auch die Gesäßmuskeln. Stellen Sie sich jetzt vor, dass eine beruhigende Welle (weiß oder blau) langsam an Ihrem Körper hochsteigt und ihn von Kopf bis Fuß bedeckt.

Lassen Sie sich vollkommen gehen und atmen Sie dabei die ganze Zeit durch die Nase tief ein und aus. Lassen Sie sich ganz ruhig in der Wanne treiben, bis das Wasser kalt wird. Dann heben Sie sanft Hände und Füße an und machen dabei Kreisbewegungen. Bevor Sie die Augen öffnen, bewegen Sie sie schnell von links nach rechts, so, als ob Sie einem Tennisball folgten. Öffnen Sie die Augen und gähnen Sie herzhaft und laut.

Steigen Sie langsam aus der Wanne, trocknen Sie sich ab,

und fühlen Sie dabei jeden Teil Ihres Körpers, der gerade in Kontakt mit dem Handtuch kommt. Nun kann die Welt mit ihren Turbulenzen kommen, Sie sind jetzt voller Ruhe und Sinnenfreude.

Die Frage zum Meditieren

Sind Meer und Welle zweierlei?

4

Sich selbst mit Respekt behandeln

Ehrt das Leben.
Das erste der zehn Zen-kais (Gebote)

»Wie konnte er mir das nur antun?« Wie viele Liebesgeschichten enden mit dieser schmerzlichen und ungläubigen Frage. Wie konnte jemand, dem wir die Schlüssel zu unserem Herzen anvertraut hatten, uns so schlecht behandeln, uns dermaßen verletzen und verraten?

Während wir die Antwort auf das Warum der Handlungen des anderen suchen, schwillt unser Zorn, explodiert, um sich dann in einen tiefen Kummer zu verwandeln. Wir bleiben zurück wie ein Kind, für das niemand mehr sorgt.

Verletzungen in der Liebe sind sehr schmerzhaft. Sie alle treffen unser lebenswichtiges Organ, das Herz. Man ist dann wie ein Phantom seiner selbst.

Wenn der andere uns verlässt, uns verrät, dann nimmt er etwas von unserem Lebendigsten mit sich. Etwas, was uns lachen, begehren, vibrieren lässt. Die Zeit, die folgt, ist nicht zu vermeiden. Die Psychologen sprechen von einer Trauerphase, dem Zeitraum, den wir brauchen, um den Verlust zu akzeptieren und unsere Wunden zu lecken. Diese Trauerphase, die bei jedem Menschen und bei jeder Liebesgeschichte anders verläuft, geht manchmal in Depressionen über, wenn wir merken, dass das Leben ohne den anderen jeden Reiz verliert. Uns wird klar, dass die anfängliche Frage: »Wie konnte er mir das antun?« nicht die richtige ist. Einfach, weil wir nie eine Antwort darauf bekommen werden.

Sich über die Motive desjenigen, der die Ursache unseres Leidens zu sein scheint, den Kopf zu zerbrechen, entfernt uns noch mehr von uns selbst.

Wäre die richtige Frage, die wir uns inmitten des Elends stellen sollten, nicht eher: »Wie konnte es mit mir so weit kommen?« Zu diesem Grad des Desinteresses am Leben und des Desinteresses an sich selbst? Wie kann es sein, dass ein anderer als ich selbst so eine absolute Macht über mich haben kann?

Die tieferen Ursachen sind anscheinend in den Wurzeln unserer Lebensgeschichte zu suchen, in den Labyrinthen unserer Kindheit, in der Art und Weise, wie sich unsere Psyche herausgebildet hat. Man wird so tausend und eine scheinbar wertvolle Erklärungen für unseren Mangel an Wertschätzung unserer selbst finden können.

Wird man aber auch ebenso viele Heilmittel finden? Sehr wahrscheinlich nicht. Wenn die Erklärungen für einen Mangel an Liebe zu sich selbst auch zum Verständnis dienen, führen sie doch nicht dazu, dass wir uns mit mehr Wohlwollen und Respekt behandeln. Zen bietet uns keine Patentmethode an, mit der wir die Wertschätzung unserer selbst steigern könnten, keine magische Formel, um unsere affektiven Mängel auszugleichen oder unsere narzisstischen Kränkungen zu heilen. Zen lädt uns ein, die ursprüngliche Buddhanatur in uns zu finden.

Im Zen ist jeder von uns ein Buddha, ohne es zu wissen.

Es nützt nichts, sich vor einer vergoldeten Statue niederzuwerfen, wenn wir uns selbst nicht mit der gleichen Ehrerbietung behandeln.

Wäre die Frage »Wie konnte *ich* mir das antun?« nicht eher gerechtfertigt als »Wie konnte *er* mir das antun?« Wie konnte ich so weit gehen, vom anderen zu erwarten, dass er mich mit allem Lebensnotwendigen versorgt? Wie konnte ich ihm so viel Macht über mich einräumen? Wie konnte ich meine vitalen Bedürfnisse ignorieren? Wie konnte ich mich so vernachlässigen?

»Geh so mit dir um, wie du wünschst, dass der andere mit dir umgeht«, würde ein Zen-Meister vielleicht raten, nicht ohne hinzuzufügen: »Und wenn er es nicht tut, ist das seine Sache!«

In solch einer Geistesverfassung sollten wir uns in eine Liebesbeziehung hineinbegeben. Zunächst darauf achten, dass wir für unsere grundlegenden und emotionalen Bedürfnisse sorgen. Wertschätzung der eigenen Person, Vertrauen zu sich selbst, Wohlwollen, all diese Begriffe sind in einem Wort enthalten: *Respekt.*

Wir haben die ärgerliche Neigung, von anderen zu erwarten, dass sie uns besser behandeln, als wir selbst es tun. Dass sie uns wertvoll, einzigartig und strahlend schön finden, während wir uns in unserem Inneren gerade mal den Begriff passabel zugestehen.

Wir merken nicht, wie schlecht wir uns behandeln, wie hart wir mit uns umgehen, auch wenn wir uns selbstbewusst und gelassen geben oder uns den anderen von unserer Schokoladenseite zeigen. Wir verbringen einen Großteil unserer Zeit damit, uns zu beurteilen. Ob wir nun die Latte der Anforderungen an unsere Person immer höher legen oder uns unfähig fühlen, auch nur den Fuß zu heben, um eine Stufe zu steigen.

Wir teilen unser Leben mit einem gnadenlosen inneren Richter. Henker und Opfer unserer selbst, wechseln wir, oh-

ne uns dessen bewusst zu sein, von einer Rolle in die andere, je nach dem Wasserstand unserer Gefühle.

Wenn wir dann eine Liebesbeziehung eingegangen sind, projizieren wir unseren inneren Richter auf unseren Partner. Wir übertragen ihm die Macht, uns so zu behandeln, wie wir uns normalerweise behandeln. An den Tagen, an denen der Richter sein Wohlwollen unter Beweis stellt, lächeln wir, und wir weinen an dem Tag, an dem ein strenges Verdikt über uns gefällt wird. Sich mit Respekt behandeln heißt, dass man beginnt, in das eigene Innere zurückzukehren, um sich der wechselseitigen Abhängigkeit all der Wesensanteile bewusst zu werden, aus denen wir bestehen. Sie machen unser körperliches, psychisches, emotionales und spirituelles Wesen aus.

Wird nur einer dieser Wesensanteile schlecht behandelt, wird unser gesamtes Wesen verändert. Wenn wir uns bewusst sind, dass bestimmte Gefühle unser Leben vergiften, können wir uns bemühen, ihnen keinen freien Lauf zu lassen. Wenn wir uns bewusst sind, dass eine bestimmte Lebensführung unserem psychischen und spirituellen Wesen schaden kann, haben wir die Möglichkeit, sie zu ändern. Dazu müssen wir uns vertrauen.

Unseren Sinnen vertrauen, unserer leisen inneren Stimme, unseren undeutlichen Eindrücken: Sie sind so etwas wie Signale, die uns auf eine eventuelle seelische Disharmonie hinweisen können. Um uns selbst mit Respekt zu behandeln, müssen wir, wie Meister Thich Nhat Nanh sagt, »tief hinhören«. Auf unser Innerstes lauschen. Aufnahmebereit werden für die Zeichen der Befangenheit und des Unbehagens, das es uns schickt. Wie oft hören wir: »Ich habe dies Benehmen nur ertragen, weil ich ihn liebe . . .«

Um was für eine Liebe handelt es sich da? Ganz sicher nicht um Liebe zu sich selbst. Und um Liebe zum anderen auch nicht.

Jedes Mal, wenn wir »aus Liebe« eine Kröte schlucken, jedes Mal, wenn wir uns selbst belügen, um eine trügerische Sicherheit aufrecht zu erhalten, jedes Mal, wenn wir uns im anderen oder für den anderen vergessen, behandeln wir uns schlecht.

Sich selbst respektieren bedeutet nicht, sein kleines Ego zu hätscheln, um es zum einzigen Objekt der Aufmerksamkeit zu machen. Sich respektieren heißt, dass man sich behandelt, wie man den Buddha behandeln würde.

Wir alle wollen geliebt, gehört und beachtet werden. Diese Bedürfnisse gehören zu den Lebensnotwendigkeiten. Wenn wir uns wirklich der wechselseitigen Verbundenheit all dessen, was lebt, bewusst sind, dann können wir uns nur lieben. Jeder von uns ist ein kostbarer, einzigartiger Bestandteil der Schöpfung.

Wir alle haben die Erfahrung gemacht, mindestens einem Menschen Freude, Trost und Hoffnung gegeben zu haben. Wir alle haben, zumindest einmal, die Erfahrung gemacht, großherzig zu handeln. Wir alle sind mindestens einmal in Kontakt mit der besseren Seite in uns gewesen. Mit unserem inneren Buddha. Wir sollten uns daran erinnern. Wir sollten uns lieben, ohne zu befürchten, in Selbstzufriedenheit zu verfallen, einfach darum, weil wir es verdienen.

Wir wollen beachtet werden. Möglichst mit Wohlwollen und Zärtlichkeit. Das ist angenehmer, als mit strengem Blick betrachtet zu werden. Warum aber betrachten wir uns selbst normalerweise genauso streng? Damit beschäftigt, unsere Fehler, unser Versagen, unsere Niederlagen und die Bereiche, in denen wir nicht kompetent sind, aufzuspüren? Und wenn wir wunderbarerweise Gnade vor unseren Augen finden, denken wir in unserem Inneren, dass wir diese Nachsicht eigentlich nicht verdienen.

Was sehen wir, wenn wir uns im Spiegel betrachten? Mit welchen Augen sehen wir uns? Erkennen wir einen Buddha in unserem Spiegelbild?

Wir wollen, dass man uns zuhört. Aufmerksam und mit Empathie. Ohne vorgefasstes Urteil, ohne Feindseligkeit. Hören wir uns selbst in unserem Inneren so zu? Geben wir so unseren Wünschen und Gefühlen Gehör?

Wir lieben uns nicht, wir betrachten uns nicht mit Wohlwollen, wir hören uns in unserem Inneren nicht zu. Und trotzdem erwarten wir vom Anderen, dass er das alles für uns tut. Wäre es nicht an der Zeit, sich zu ändern?

禅

Die Übung

Die schwarze Liste

Die folgende Übung ist nicht sehr angenehm. Sie fordert von Ihnen, sich in Ihre Dunkelzonen zu versenken.

Legen Sie sich ein weißes Blatt Papier im Format DIN A 4 und einen Notizblock zurecht. Das Blatt liegt mit der Breitseite nach oben.

Unterteilen Sie es in fünf Spalten:

- Frühe Kindheit (vor dem 6. Lebensjahr)
- Kindheit (von 6 bis 12 Jahren)
- Jugend (von 12 bis 20 Jahren)
- Eintritt ins Erwachsenenalter (von 20 bis 28 Jahren)
- Leben als Erwachsener (von 28 Jahren an)

Ziehen Sie jetzt von links nach rechts drei Linien quer über das gesamte Blatt

Dann schreiben Sie in der Reihenfolge:

- Misshandlungen
- Erinnerte Gefühle
- Aktuelle Empfindungen

In das erste Kästchen schreiben Sie eine schlechte Behandlung, an die Sie sich erinnern (bezogen auf die frühe Kindheit, die Kindheit usw.) ohne Verurteilung. Selbst wenn sie Ihnen harmlos oder lächerlich erscheint, lassen Sie sie ohne Zensur hochkommen. Im Kästchen darunter notieren Sie die Gefühle, die Sie damals überkamen (Angst. Scham, Wut ...).

In das dritte tragen Sie die Empfindungen ein, die Sie jetzt, wenn Sie sich an diesen Augenblick Ihres Lebens erinnern, spüren. Schließlich greifen Sie in Ihrem Notizblock Ihre »schwarzen« Erinnerungen der Reihe nach noch einmal auf. Schreiben Sie hin, wie Sie damals gerne behandelt worden wären. Beschreiben Sie das richtige und wohltuende Verhalten, das Sie damals gerne genossen hätten.

Diese Übung soll dazu dienen, Ihnen bewusst zu machen, dass Sie heute alle notwendigen Mittel zur Verfügung haben, um sich mit Respekt und Wohlwollen zu behandeln. Sie sind nicht mehr jenes verletzte und wehrlose Kind; jetzt sind Sie auch der Erwachsene, der sich darum kümmern kann.

Es wagen zu akzeptieren und es wagen, abzulehnen

Sich respektieren bedeutet, ohne Aggressivität ein selbstsicheres Nein sagen zu können, aber auch den Mut zu haben, frank und frei ja zu sagen.

Machen Sie in den folgenden Tagen Jagd auf Entschuldigungen, Rechtfertigungen oder andere Versuche, zu flüchten oder sich zu unterwerfen. Sagen Sie einfach Ja, sagen Sie einfach nein. Ohne aggressiv und ohne regressiv zu sein.

Wenn diese »Prüfung« vorbei ist, genießen Sie das Gefühl von Freiheit und Stolz.

Die Frage zum Meditieren

Wer ist das, den ich in mir nicht liebe?

II

AKZEPTIEREN, WAS IST

Die Fichten sind von einer Farbe,
die weder alt noch modern ist.
Koan

Wir würden gerne für ein Leben als Paar »votieren«. Aber das muss 100-prozentig sicher sein. Wir würden uns gerne voll und ganz darauf einlassen, aber nur unter der Bedingung, nicht leiden zu müssen. Keine Enttäuschung, kein Verrat, keine Routine.

Darüber sind wir uns alle einig. Und wir befinden uns alle im Irrtum.

Verfügen wir über eine Garantie, dass wir nicht leiden werden, wenn wir auf die Welt kommen? Aus dem Mutterleib herausgerissen zu werden, ist das nicht unsere erste Qual? Und trotzdem ... Nackt und zart gehen wir Schritt für Schritt in unserem Leben voran. Wir stolpern, wir fallen hin, wir erheben uns wieder, wir erleben Trost, Alleinsein, Freude und Kummer. Wir gehen vorwärts ohne irgendeine Garantie, dass der Weg, der vor uns liegt, leichter oder anstrengender ist als der, der hinter uns liegt.

In jeder Sekunde unseres Lebens haben wir die Wahl: den Weg weiterzugehen, koste es, was es wolle, oder zitternd vor Angst am Rand stehen zu bleiben, in der trügerischen Hoffnung, dass die Zeit hier nicht weitergeht.

Für Zen ist das uneingeschränkte Akzeptieren der Realität, so wie sie ist, das einzige Mittel, um die Angst und die

Illusionen, die sie hervorbringt, zu besiegen. Wir können das Wesen der Dinge nicht ändern, aber es steht in unserer Macht, unsere Wahrnehmung der Welt zu ändern.

Akzeptieren heißt nicht resignieren. Wenn ich resigniere, dann halte ich die Situation für unentwirrbar und schmerzhaft, und ich knicke ein. Ich sehe sie voll Trauer oder Entsetzen und mit einem Geist, der die Flügel hängen lässt. Wenn ich die Situation, die sich mir bietet, akzeptiere, dann akzeptiere ich sie ganz und gar. »Gut, hier und jetzt ist das so! Mir geht es schlecht, ich habe Angst, ich bin traurig ...« Ich gehe auf das zurück, was ich fühle, in mein Inneres, und ich lasse die Vorstellung, die ich mir von der Situation mache, fallen. Ich höre auf, sie mit dem Kopf zu beurteilen, um sie mit meinem ganzen Wesen zu erfühlen. Auf diese Weise komme ich auf den Moment, in dem ich lebe, zurück, ich werde eins mit dem, was ist, ohne vorwegzunehmen, was sein wird, noch zu bedauern, was gewesen ist.

Wenn ich Kummer habe oder Angst, gehe ich ganz in diesem Gefühl auf und je mehr ich mir seiner oberflächlichen und vorübergehenden Natur bewusst werde, desto mehr schwindet es. (Hier und jetzt empfinde ich Traurigkeit, da aber alles unbeständig ist, weiß ich, dass es nicht immer so sein wird.)

Wer hat schon einmal erlebt, dass ein Gefühl nie endet? Niemand. Die Realität so zu akzeptieren, wie sie sich uns zeigt, heißt, mit Körper und Geist den Reichtum und die Unbeständigkeit jedes Augenblicks zu erfahren.

Wenn wir bereit sind, das Leben zuzulassen, stimmen wir für das Leben. Wenn wir resignieren, stimmen wir für die Angst. Wenn wir die Realität verneinen, so schmerzhaft sie auch sein mag, stimmen wir für die Illusion.

In der Liebe akzeptieren, was ist, heißt nicht, sich mit Mittelmäßigkeit und Unzufriedenheit abzufinden. Es bedeutet vielmehr, aus dem, was sich hier und jetzt zeigt, ohne Voreingenommenheit das Beste zu machen. Sicherlich ist die Übung des Akzeptierens, was ist, in einer Paarbeziehung ganz besonders schwer. Hier und jetzt das Beste draus zu machen, ohne dass man gerade Lust hat, zu sprechen, zuzuhören, miteinander zu schlafen, heißt auch, mit dem Leben in seiner tiefen Wirklichkeit zurecht zu kommen.

Man stellt sich die Zen-Mönche als immerwährend erleuchtet vor, mühelos von einer Tätigkeit zur anderen übergehend, mit einem Lächeln, das leicht um ihre Lippen schwebt. Aber wenn die erste Glocke um vier Uhr morgens läutet, und wenn sie dann im Halbschlaf in der Lotusposition vor der Wand sitzen, um mit leerem Magen zu meditieren, dann gibt es unter ihnen bestimmt viele, und viel mehr, als man denkt, die lieber schlafen würden und sich sagen: »Hier und jetzt habe ich keine andere Wahl, als das Beste aus dem zu machen, was ich machen muss.«

Hier liegt zweifellos der größte Sieg über sich selbst, in der Erfahrung der Wirklichkeit ohne Schleier: Hier und jetzt akzeptiere ich das, was ist.

So sollten wir auch für ein Leben als Paar »votieren«. Ohne Vorurteile und ohne Garantien. Mit offenem Geist und Herzen.

Im Zen geht man nicht ein für allemal eine Bindung ein. Jeden Morgen, wenn man wach wird, jeden Abend, wenn man einschläft, den ganzen Tag lang, wenn man sich den verschiedenen Aufgaben des Alltags widmet, erneuert man seine Bindung an das Leben.

Jeden Tag das »Ja« für den Menschen, mit dem wir leben, zu erneuern, heißt nicht, sich zu fremd zu werden, sondern im Gegenteil, wir haben damit wieder jeden Tag die Möglichkeit, eine echte Wahl zu treffen. Eine bewusste Wahl.

禪

1
Sich wirklich einlassen

Dies unstete, wandelbare Herz,
so schwer zu hüten und zu zähmen,
der Weise vermag es auszurichten,
so wie der Pfeilmacher einen Pfeil zurechtstutzt.
Buddha, Dhammapada

»Wenn ich das gewusst hätte, wäre ich nicht gekommen!«, sagt ein Kind in einer berühmt gewordenen Antwort in dem Film *Der Krieg der Knöpfe* (von Yves Robert, 1962).

Wenn es um das Leben als Paar geht, könnten wir oft das Gleiche sagen.

Das führt dazu, dass man manchmal zögert, sich in ein neues Abenteuer zu begeben. Den Kopf voll von Geschichten über die (schlechten) Erfahrungen von anderen Leuten, fragen wir uns schließlich, warum wir dort Erfolg haben sollten, wo so viele andere scheitern. Im Übrigen bekommen wir immer wieder lang und breit in der Presse zu lesen: In Paris endet eine von zwei Ehen mit der Scheidung, auf dem Lande eine von dreien. Statistiken, die, wenn wir ehrlich sind, geeignet sind, Anwandlungen von Begeisterung abzukühlen.

Uns gefällt die Vorstellung eines Lebens zu zweit, aber wir zweifeln doch stark, ob wir daraus einen »Raum« der Selbstverwirklichung machen können. In unserer Unsicherheit bewegen wir uns mit zögernden, manchmal ängstlichen Schritten oder auch in einer Haltung stolzen

Trotzes darauf zu. In beiden Fällen lassen wir uns nicht ganz und gar darauf ein, wir sagen »Ja«, und in unserem Kopf fügen wir rasch ein »Aber« hinzu. »Ja, aber wenn es nicht klappt, steht es mir frei, zu gehen ...«, »Ja, aber zu meinen Bedingungen ...«, »Ja, aber nur wenn ...« Mit diesem kleinen »Aber«, diesem unhörbaren und versteckten »Aber« im Hintergrund, bohren wir ein erstes Loch in die Eierschale unserer Beziehung, die noch gar nicht geschlüpft ist.

Sich auf eine Beziehung einzulassen, heißt »Ja« dazu zu sagen. Voll und ganz, ohne ein »Aber«. Sowie wir ein »Aber« hinzufügen, entziehen wir unserem Engagement den Teil von uns, der am lebendigsten ist: Das, was in uns Kreativität, Sensibilität und Großmut im Überfluss hervorbringt.

Unser »Aber« baut sich auf der Furcht auf, ein Risiko einzugehen, das wir als zu groß einschätzen, und wir zögern, alle Eier in einen Korb zu legen.

Aber wenn wir uns entscheiden, nur drei Eier in den Korb unserer Beziehung zu legen, wohin tun wir dann die drei anderen? Legen wir sie in den Korb »für später«, in den Pessimismuskorb oder in den Korb einer anderen Beziehung? Wie kann man auf eine intakte, freigiebige und fruchtbare Beziehung hoffen, wenn wir ihr als Erstes die Hälfte all ihrer Grundlagen entziehen?

Unser »Aber« kann auch die Befürchtung, sich zu irren, zum Ausdruck bringen. Und wenn das nun nicht der richtige Partner ist? Wir haben tatsächlich keine Garantie, dass es der »Richtige« ist. Es kann sein, dass uns diese Beziehung weder die erhoffte Entfaltung noch Harmonie bringt, es kann sogar passieren, dass wir dabei leiden werden, und die Enttäuschung darüber kommt noch dazu.

Aber wie sollen wir das wissen, wenn wir uns nicht die Möglichkeit lassen, diese Erfahrung wirklich zu machen?

Was ist der Buddha? »Eine Klobürste!« antwortet Meister Huang Po einem Schüler, der gekommen ist, um bei ihm Erleuchtung zu finden. »Drei Pfund Sesam!« antwortet ein anderer Meister einem seiner Schüler. Die beiden Schüler erwarteten weise und erleuchtete Worte, die ihren langen Weg erhellen würden. Sie erwarteten gewiss nicht, dass von »Klobürsten« oder »Sesam« gesprochen würde.

Könnte man diese unerwarteten Worte, undenkbar aus dem Mund eines großen Meisters, nicht vielleicht mit dem vergleichen, was wir nicht haben wollen, wenn wir uns auf eine Beziehung einlassen und dabei bestimmte Erwartungen haben?

»Auf unsere Beziehung hätte ich nie auch nur einen Pfennig gegeben!« Zahlreiche Protagonisten von Liebesgeschichten sind zu diesem ungläubigen Eingeständnis gezwungen worden. Weil ihr Partner nicht ihren Erwartungen entsprach, weil sie nicht mehr an die Liebe glaubten, oder auch, weil sie sich ohne Orientierung auf unbekanntem Gelände wiederfanden.

Die Liebesgeschichten, auf die wir keinen Pfennig gegeben hätten, sind vielleicht die, die uns am meisten bereichern können.

Weil sie in sich die Keime des nie Erlebten und nie Gesehenen tragen. Indem sie uns in unseren bequemen Gewohnheiten und Vorurteilen durcheinanderbringen, rütteln die Geschichten, auf die wir keinen Pfennig gegeben hätten, heftig am Baum der Illusionen und geben uns die Möglichkeit, in unserer Selbsterkenntnis einen Schritt weiter zu kommen.

Ohne ein »Aber« die Beziehung, die sich uns bietet, voll

und ganz zu akzeptieren, ist das einzige Mittel, um ihr die Chance zur Entwicklung zu geben; auch für uns ist es die Möglichkeit, von unseren vorgefassten Meinungen loszukommen, und »Kenn ich alles schon!« nicht ewig zu wiederholen.

Man lobt hier und da die Grundlinien des Zen, seine edle Reinheit, seine minimalistische Ästhetik, aber sehr viel seltener seine Einfachheit. Als gehörte diese Qualität zu den minderen Tugenden. Von einfacher Gemütsart ... Einfach gestrickt ... Ganz sicher ist das kein Kompliment!

Dabei ist Einfachheit das Wesentliche des Zen, sein reinster und höchster Ausdruck. Einfachheit der Worte, Einfachheit der Haltung. Einfachheit und unendliche Fülle.

Einfachheit steht nicht hoch im Kurs. Lieber folgt man den geschraubten Windungen eines Verstandes, der sich unablässig selbst bespiegelt. Eine Paarbeziehung ist keine einfache Sache, hört man, liest man, denkt man. Zu zweit leben ist schwierig.

Versuchen wir einmal, von den Klischees und fix und fertigen Gedankengängen wegzukommen. Inwiefern sollte ein Leben zu zweit komplizierter sein als einfach leben? Als Paar leben ist nicht leicht, aber ist leben denn so einfach? Ist nicht die Tatsache, dass wir Bewusstsein haben, schon an sich unbequem, und allein der Gedanke an unsere Existenz auf Erden eine Quelle der Angst?

Wenn wir bereit sind – und dazu lädt uns Zen ein – einzuräumen, dass unsere Vorstellungen vom Leben, überlagert von Schichten von Illusionen und Glaubensvorstellungen, komplizierter sind als das Leben selbst, dann gilt das Gleiche für ein Leben zu zweit.

Wir haben die Wahl, unser Leben voll und ganz zu leben, das heißt, es rückhaltlos zu umarmen, ohne das Gesicht zu verziehen. Wir haben die Wahl, es in allen seinen Geschmacksnuancen zu kosten, von ganz köstlich bis ganz scheußlich.

Wir haben die Wahl, bedingungslos ja zum Leben zu sagen, oder als Phantomgestalten hindurchzugehen. Von einer Angst in die andere zu fallen, von Schutzinsel zu Schutzinsel, von einer Illusion zur anderen zu irren. Vor der gleichen Wahl stehen wir in einer Paarbeziehung.

Wir können sie voll und ganz akzeptieren, ohne »aber«, ohne vorher Garantien zu fordern, und einfach »ja« sagen. Oder wir lassen uns im Rückwärtsgang darauf ein, indem wir kalkulieren, einschätzen, Voraussagen machen – indem wir unsere Beziehung also denken, statt sie zu leben. Wenn man zugibt, dass die Probleme im Leben eher von der Vorstellung, die man sich davon macht, als von der bewussten Erfahrung herrühren, dann können wir allmählich eingestehen, dass Leben etwas Einfaches ist. Was nicht heißt, dass es schmerzlos ist.

Wenn man dann zugibt, dass für das Leben zu zweit das Gleiche gilt, dann können wir auch langsam zugeben, dass diese seltsame Idee, die darin besteht, dass wir unsere Behausung, unser Bett, unser Brot, unseren Körper und unser Herz mit einem anderen menschlichen Wesen teilen, vielleicht die reichste, aber auch die einfachste Erfahrung sein kann.

Wenn man sich ohne Vorbehalte und überkommene Vorstellungen darauf einlässt. Und einfach »ja« dazu sagt.

禅

Die Übung

Mit dem Strom schwimmen

Machen Sie heute die bewusste Erfahrung des Akzeptierens. Lassen Sie alles sein, wie es ist.

Begegnen Sie allem, was Ihnen begegnet, ohne Werturteil. Von dem Moment an, wo Sie aus dem Bett steigen, bis zum Abend. Angefangen vom Kaffee, der zu stark ist oder nach nichts schmeckt, bis zum Stau beim Autofahren, der rappelvollen U-Bahn, den positiven oder negativen Bemerkungen aus Ihrem Umfeld, zu Hause oder im Beruf, akzeptieren Sie das, was ist. Sagen Sie sich immer wieder: »Hier und jetzt ist die Situation so, wie sie ist, sie wird nicht so bleiben.«

Am Abend sind Sie vielleicht erschöpft oder erleichtert, heiter oder mit den Nerven fertig, aber Sie werden die bewusste Erfahrung der Realität gemacht haben, der Macht des inneren Blicks, und Sie haben den Unterschied zwischen Erdulden und Akzeptieren erlebt.

Sagen Sie »Einverstanden!«

Sagen Sie in dieser Woche mindestens dreimal: »Einverstanden!« zu einem Vorschlag, den man Ihnen macht. Ob er nun von Ihrem Ehepartner, Ihrem Arbeitskollegen oder von einem Freund kommt. Wählen Sie besonders Situationen, gegen die Sie Vorbehalte haben. Akzeptieren Sie ohne zu diskutieren, und richten Sie Ihre ganze Aufmerksamkeit auf das, was Sie empfinden. Von Anfang bis Ende.

Die Frage zum Meditieren

Kennen Sie schon im Voraus den Geschmack eines unbekannten Gerichts?

2

In seinem Partner den Besten von allen erkennen

Jede Gelegenheit ist die allerbeste.
Koan

Aus vielerlei Gründen, bewussten und unbewussten, haben wir uns entschlossen, mit diesem Mann oder dieser Frau ein Stück des Weges zu gehen. Der Anfangselan hat vielleicht im Lauf der Zeit nachgelassen, der Alltag hat die Vergoldungen der Liebesbeziehung abbröckeln lassen, und mit der Geburt eines oder mehrerer Kinder hat sich das Liebespaar in eine etwas einengende Familie verwandelt. Aber es ist eben jener Partner, zu dem wir ja gesagt haben. Für einen Monat, zehn Jahre, fürs Leben.

Viele beschwören mit Nostalgie, manchmal auch mit Bitterkeit, das Goldene Zeitalter ihrer Partnerschaft. Die selige Zeit, in der Körper und Sprache eins waren. Ohne Missverständnis oder das falsche Wort. Ein Goldenes Zeitalter, in dem es schien, als ob noch der kleinste Wunsch von einem Partner erfüllt würde, dessen einziges Sinnen und Trachten darin bestand, uns glücklich zu machen. Selige Zeiten, als wir – wie Säuglinge gefüttert und gehätschelt – das Zeichen schlugen, um Unheil von unserer Schlummerwiege fernzuhalten. Selige Zeiten, als wir dachten, der andere könne uns, allein durch seine Liebe, aus der kalten Einsamkeit der Existenz herausreißen. Selige Zeit, als uns die Realität mit ihren eiskalten Händen nicht an die Gurgel ging.

Auf das Goldene Zeitalter folgte dann die Steinzeit. Schwierige Zeiten, in denen unermüdlich an den Worten gefeilt werden musste, damit der andere sie verstand, die Körper in Gegenwart des anderen schwerer und linkischer wurden. Jetzt kommt es vor, dass wir jenen Mann oder jene Frau ungläubig betrachten: »Ist das wirklich er, ist das sie, die mein Herz erzittern ließ?«, »Ist das er, ist das sie, die verstand, was ich sagen wollte, bevor ich den Satz noch beendet hatte?«

Heute erscheinen uns dieser Mann oder diese Frau fremd, so fremd, dass wir uns fragen, ob es sich lohnt, den Weg gemeinsam weiterzugehen. Sollten wir uns dermaßen getäuscht haben? Sind wir blind und taub gewesen?

Vielleicht, vielleicht aber auch nicht. Wie soll man das wissen? Das Einzige, dessen wir uns heute sicher sind, ist die Gegenwart dieses Mannes oder dieser Frau in unserem Leben. Ein berühmtes *Koan* lautet: »Jede Gelegenheit ist die beste«. Das scheint eine Aussage, die uns wieder etwas Hoffnung gibt. Dann wäre also doch nicht alles endgültig verspielt oder verloren. Aber man sollte sich nicht täuschen. Dieses *Koan* predigt nicht den Optimismus. Es sagt uns nicht, dass jede Gelegenheit ein Überraschungsgeschenk bringt. Es lehrt uns, aus Sicht der Zen-Philosophie, dass jede Situation, auf die wir treffen, genau diejenige ist, die wir brauchen, um uns weiter zu entwickeln. Jede Situation. Erfreulich oder unangenehm.

»Ich habe mich ein bisschen zu früh gefreut«, denken Sie jetzt. »Letzten Endes ist ›Jede Gelegenheit ist die beste‹ eine höfliche Form, um mir zu sagen, dass ich nur das habe, was ich verdiene!«

Aber nein. Es geht hier keineswegs um Belohnung oder Strafe, sondern um die Chance, etwas mehr über sich selbst zu erkennen. Wenn wir vor einer unangenehmen Situation stehen, empören wir uns vielleicht: »Ich habe etwas Besseres verdient!«, oder aber wir resignieren: »Das wundert mich nicht, ich verdiene nichts Besseres!«

Beide Reaktionen zeigen, dass wir beständig auf eine moralische Beurteilung zurückgreifen. Wir messen das, was in unserem Leben passiert, mit der Elle eines Wertesystems, nach dem Belohnungen und Strafen verteilt werden. Indem wir damit beschäftigt sind, uns zu verurteilen, berauben wir uns unserer inneren Ressourcen. In Wirklichkeit gibt uns jede Situation, vor der wir stehen, Auskunft darüber, »was wir damit zu tun haben«, und gibt uns die Möglichkeit, unsere Politik fortzuführen oder sie zu verändern. In diesem Sinn ist mein Partner »der Beste von allen«, einfach, weil er mir sagt, wo ich in meinen Beziehungen zu mir selbst und zu den anderen stehe.

Man weiß, dass sich in der Liebe das Unbewusste sucht und findet.

Was sagt uns die Wahl eines klammernden, dominanten oder untreuen Partners über uns selbst? Was versuchen wir von dem, was in unserem Leben noch nicht entwirrt ist, wieder aufzugreifen? Welcher Gewinn steckt in einer Beziehung, die mich im Übrigen nicht zufrieden macht? Ohne diese grundlegenden Fragen haben wir keine andere Wahl, als mit einem Menschen bis zum endgültigen Krach zusammenzubleiben, oder ihn zu verlassen, ohne begriffen zu haben, um was es bei dieser Beziehung wirklich ging.

In seinem Partner einen Teil des Puzzles der eigenen Persönlichkeit zu sehen, führt zu mehr Klarheit über sich selbst und macht es möglich, eine Beziehung, wenn es notwendig ist, zu beenden, ohne Gefahr zu laufen, das gleiche Stück mit einer anderen Person durchzuspielen.

In seinem Partner den besten von allen zu erkennen, gibt zugleich die Möglichkeit, sich hier und jetzt nach der eigenen Verantwortung für die Quelle der Unzufriedenheit zu fragen.

Wir hätten gerne mehr Aufmerksamkeit, und unser Partner ist nicht sehr aufmerksam. Wir sind frustriert, enttäuscht, traurig, wütend. Das ist legitim. Aber statt unsere Frustration oder unsere Wut zu nähren, wäre es vielleicht nützlicher und richtiger, damit zu beginnen, unser Bedürfnis nach Aufmerksamkeit zu hinterfragen.

Es könnte gut sein, dass hinter unserer Erwartung ein immenser Hunger nach Anerkennung steckt, dass wir eine gefühlsmäßige Wiedergutmachung erwarten, für eine Verletzung, die uns in der Vergangenheit zugefügt wurde. Es könnte auch sein, dass unsere Erwartung unseren eigenen Mangel an Aufmerksamkeit für den Partner verdeckt. Oder auch, dass die Erwartungen, mit denen wir den anderen überhäufen, dazu dienen sollen, seinen Mangel an Großzügigkeit unter Beweis zu stellen.

Wenn uns das Verlangen, das hinter unseren Erwartungen steckt, etwas klarer geworden ist, könnten wir dann nicht versuchen, zuerst einmal selbst die Mittel zu finden, ihm zu entsprechen?

In dieser Phase unserer Selbstbefragung fühlen wir im Allgemeinen, dass die Wut auf den anderen oder der Kummer, den wir gehegt haben, nachlassen. Auf uns selbst verwiesen, fühlen wir uns vielleicht etwas verletzlicher, aber wir fangen auch an, uns im wahren Sinn des Wortes verantwortlich zu fühlen für das, was uns passiert – was nicht schuldig im moralischen Sinne bedeutet.

Wir beginnen dann vielleicht, unsere ganze Aufmerksamkeit und all unsere Erwartungen nicht mehr auf den anderen zu richten, sondern kommen auf uns selbst zurück, nehmen unsere Bedürfnisse als ganz persönliche wahr. Ohne einen Sündenbock und Prügelknaben zu suchen. Wenn wir das Gefühl haben, dass wir uns wirklich um den Teil der Beziehung, der uns zukommt, kümmern, können wir in Ruhe und ohne Groll mit dem anderen darüber sprechen, was uns fehlt oder was uns verletzt. Aber nicht vorher. Nicht, solange wir glauben, dass wir uns in unserem Partner geirrt haben, nicht, solange wir überzeugt sind, etwas Besseres verdient zu haben als diesen Partner.

Seinen Partner als den besten von allen zu betrachten, ist keine Aufforderung, diese Beziehung allem und jedem zum Trotz ewig aufrecht zu halten. Wenn die Bindung sich eines Tages lösen sollte, ist es dann nicht besser, die Gewissheit zu haben, dass man ans Ende des Weges gelangt ist, den man gemeinsam gehen konnte, und dabei mutig seinen Teil der Verantwortung übernehmen?

Ist es nicht besser, seine Tiefen erforscht und dabei Zonen entdeckt zu haben, die man lieber im Dunkeln lässt, als die Illusion genährt zu haben, in uns gäbe es nichts Fragwürdiges?

Ohne diesen Abstieg zu uns selbst, in die trüben Wasser unserer Erwartungen und Ängste, bleibt uns nichts, als die ewige Suche nach dem idealen Partner fortzusetzen. Viele Zen-Geschichten erzählen von der Enttäuschung des Schülers beim ersten Zusammentreffen mit seinem Meister. In einer wunderbaren, ebenso komischen wie berührenden Erzählung schildert Soko Morinaga seinen spirituellen Weg an der Seite von Zuigan, seinem Meister.

Nachdem er an die Tore mehrerer Tempel geklopft hatte, stand er vor dem Daishu Tempel von Kyoto. Ein alter

Mann öffnete ihm die Tür, und er erklärte ihm stammelnd sein Anliegen.

Der Meister hörte ihn geduldig an und sagte dann:

»Aus dem, was Sie sagen, habe ich entnommen, dass Sie sich in einem Zustand befinden, in dem Sie nicht mehr in der Lage sind, an etwas zu glauben. Man kann aber nicht wahrhaftig praktizieren, wenn man nicht an seinen Meister glaubt. Können Sie an mich glauben? Wenn Sie das können, dann nehme ich Sie sofort an, so, wie Sie sind. Wenn Sie das nicht können, wäre es ein Zeitverlust, hier zu bleiben, und ich würde Ihnen raten, sofort dorthin zurückzukehren, wo Sie hergekommen sind.«

Soko zögert, er fühlt, dass er nicht bereit ist, auf der Stelle sein ganzes Vertrauen einem Unbekannten zu schenken.

»Der Meister war siebzig Jahre alt, und ich sagte mir: ›Was für ein alter Narr!‹ Na und? Man hat auf dieser Welt ›wichtige‹ Leute an der Spitze der Tempel von Myoshin oder Daitoku gesehen, mit denen nicht viel los war. Wenn es so einfach wäre, jemandem bedingungslos zu vertrauen, und wenn ich jemandem bedingungslos vertrauen könnte, den ich gerade getroffen habe, warum habe ich nicht eher vorgesprochen? Bin ich nicht eben deshalb hierhergekommen, weil ich es schwer finde, an etwas zu glauben?

Diese Gedanken gingen mir im Kopf herum, aber ich hatte gleich verstanden, dass ich, sollte ich sie laut äußern, sofort hören würde: ›In diesem Fall verlieren Sie hier Ihre Zeit. Gehen Sie nach Hause.‹

Mit der Ahnung, dass mich dieser Mann bei sich behielte, wenn ich diese Worte, auch wenn sie erlogen waren, aussprechen würde, antwortete ich: ›Ich glaube an Sie. Würden Sie mich bitte annehmen?‹

In diesem Moment erwog ich nicht die Schwere dieses: ›Ich glaube an Sie.‹

Noch vor dem Abend dieses Tages hatte ich schon eine erste Lektion darüber empfangen.«

Lügen und Vorurteile – das ist der Beginn einer Beziehung, die für einen zukünftigen Meister nicht sehr nach Zen aussieht. Der *roshi* durchschaute bestimmt den Kampf in Sokos Innerem, seine Vorbehalte und seine geheuchelte Bereitwilligkeit. Trotzdem öffnete er ihm seine Tür. Die ganze Weisheit des alten Zuigan kommt in diesem einfachen Satz zum Ausdruck: »Ich nehme Sie sofort, so, wie Sie sind.«

Tag um Tag praktizierte Soko, manchmal mit guter Laune, manchmal mit Groll. Schließlich begriff er, dass Zuigan der beste von allen Meistern war, derjenige, den er in diesem Moment seines Lebens brauchte, um sich seiner Vorurteile zu entledigen und neue Kräfte zu sammeln, weil er bei ihm die nötige Hilfe fand.

»Wenn bedingungsloses Vertrauen so einfach wäre«, hatte Soko gegrummelt, bevor er die Erfahrung machte, dass nichts einfacher ist als das.

Denn wenn man jemand anderem bedingungslos Vertrauen schenkt, dann entscheidet man sich dafür, sich selbst zu trauen. Man gibt sich selbst die Möglichkeit, eingefahrene Gleise zu verlassen, um jungfräulichen Boden zu betreten.

Dazu müssen wir uns wieder überzeugen, dass unser Partner der Beste von allen ist. In jedem Fall, hier und jetzt.

禅

Die Übung

Die Kieselsteine

Um seinen Lebensweg besser zu verstehen, ist es manchmal gut, sich umzudrehen und auf die Suche nach den kleinen Kieselsteinen zu gehen, die man hinter sich gestreut hat wie bei Hänsel und Gretel im Märchen.

Schreiben Sie alle Ihre Liebeserlebnisse auf ein Blatt Papier nieder.

Die Erwartungen, die Sie gehegt haben, und die Gründe, warum Sie enttäuscht waren (und die zur Trennung geführt haben oder auch nicht).

Zwei Muster könnten dabei hervortreten: Wiederholung oder langsame Veränderung.

Im ersten Fall hegen Sie bei jeder Geschichte die gleichen Erwartungen und sind immer wieder enttäuscht. Im zweiten Fall verändern sich Ihre Erwartungen und die Art, wie der andere ihnen entspricht im Laufe der Zeit.

Mit dieser Wegbeschreibung ausgerüstet, formulieren Sie Ihre aktuellen Erwartungen und Ihre eventuellen Enttäuschungen und Frustrationen.

- Wollen Sie seit Jahren immer das Gleiche?
- Sind Sie immer wieder enttäuscht, weil Sie auf den »Falschen« hereingefallen sind?
- Was von dem, was Sie von Ihrem Partner erwarten, dass er es für Sie tut, könnten Sie selber tun?

Verpflichten Sie sich heute schwarz auf weiß, den Erwartungen, die Sie für wichtig halten, selbst zu entsprechen.

Setzen Sie sich nach drei Monaten wieder hin, und notieren Sie die Veränderungen in der Beziehung zu Ihrem Partner.

Die Qualität des Mangels

Sie hätten gerne, dass Ihr Partner etwas mehr so ist und weniger so. Sie sagen sich, dass alles einfach perfekt wäre, wenn ihm diese Qualitäten nicht abgingen oder er sie öfter zeigen würde.

Sind Sie sicher, dass Sie Grund haben, sich zu beklagen?

Wählen Sie zwei oder drei seiner »fehlenden Eigenschaften« aus und überlegen Sie, bei welchen Gelegenheiten sie ihm gemangelt haben. Dann versuchen Sie, sich zu erinnern und nachzuvollziehen, was das bei Ihnen ausgelöst hat: Wut, Traurigkeit, ein Gefühl der Einsamkeit, Frustration, ein Gefühl der Verlassenheit oder Ärger.

Es sind Ihre Emotionen, und Sie allein sind dafür verantwortlich. Diese Emotionen lassen erkennen, wo Ihre »wunden Punkte« liegen. Wenn Sie sich dann darüber bewusst geworden sind, dass niemand anders als Sie selbst diese Schwächen kultivieren oder umwandeln kann, können Sie sich fragen, wie Sie damit umgehen können und sich dabei so wenig wie möglich weh tun.

Danach können Sie, statt die fehlende Eigenschaft herauszustreichen, ihm sagen: »Es verletzt mich, wenn du so handelst oder sprichst.« Gemeinsam können Sie dann nach Lösungen suchen.

Vergessen Sie nie, dass das »Negative«, das Sie ihm vorwerfen, die Möglichkeit bietet, zu sehen, was sich hinter dem Schirm Ihrer Emotionen verbirgt, und auf Ihrer beider Kreativität zurückzugreifen, um Verhaltensweisen, die zu Konflikten und Leiden führen, zu verändern.

Die Frage zum Meditieren

Bin ich für mich selbst der beste Partner?

3

Den Anfängergeist annehmen

Nur wenige Menschen gelangen ans jenseitige Ufer,
der Rest läuft auf dieser Seite hin und her.
Buddha

Eines Tages empfing der japanische Zen-Meister Nanin einen Universitätsprofessor zu Besuch:

»Meister, könnten Sie mir das Prinzip des Zen erklären?« Der Meister, mit der Zubereitung des Tees beschäftigt, antwortete nicht. Er stellte eine Tasse auf den Tisch und goss Tee ein, ohne die Kanne abzusetzen. Die Tasse lief über und der Tee floss auf den Boden.

»Meister, die Tasse läuft über!«

»Sie sind wie diese Tasse, Ihr Kopf ist voll von Vorstellungen und Begriffen. Wenn Sie nicht die Tasse leeren, die in Ihrem Geist ist, nützt es nichts, wenn ich Ihnen etwas über Zen sage!«

Diese Szene veranschaulicht besser als tausend theoretische Erklärungen die Haltung, die man einnehmen muss, wenn man seinen Geist vom Rost befreien will.

Ein Geist, der mit Überzeugungen und Gewissheiten vollgestopft ist, bleibt zur Unbeweglichkeit verdammt. Nichts kann ihn bereichern. In der Liebe ist dieses Vollgestopftsein wahrscheinlich die Quelle der meisten unserer Probleme.

Wir haben dermaßen Angst, ins Schleudern zu kommen und die Kontrolle zu verlieren, dass wir uns mit aller Kraft an unsere festen Überzeugungen klammern. Wir entwerfen in unserem Kopf das Szenario unserer Liebesgeschichte, wir teilen die Rollen zu, kleben Etiketten und erschöpfen uns damit, die Situation in den Griff zu bekommen, aus Angst, sie könne uns entgleiten.

Für den großen Meister Dôgen ist *shoshin,* der Anfängergeist, die unerlässliche Bedingung für die Öffnung von Herz und Geist. Nur ein von konventionellen Ansichten gereinigter Geist, frei von jeder Erwartung, kann uns auf den Weg des Entdeckens führen.

Den Geist des Anfängers anzunehmen ist laut Zen schwieriger, als sich wie ein Experte zu verhalten.

Der Experte, reich an theoretischem Wissen, arbeitet Begriffe heraus, konstruiert brillante Beweise und erhebt sich mit seinem Geist über die Realität, die er schließlich aus dem Blick verliert. Während der Anfänger, reich an Nichtwissen, einen Schritt vor den anderen setzt, tastet, schmeckt, riecht und hört und dabei die Erfahrung einer sich unablässig erneuernden Wirklichkeit macht. Glücklich ist der Anfänger, heißt es im Zen, für den es noch alles zu entdecken gibt.

Wer von uns könnte heute von sich behaupten, »absoluter Neuling« zu sein, wenn es um ein Leben als Paar geht? Wir lernen aus Handbüchern, was man vor allem tun oder vermeiden sollte, um eine optimale Liebesbeziehung zu haben. Wir trauen ihnen, oft zu Recht, weil das, was sie sagen, einem Wissen entstammt, zu dem wir keinen Zugang haben. Demütig und vertrauensvoll machen wir zahllose Versuche, manchmal auch fruchtbare, um ihre Ratschläge auf unser Leben anzuwenden.

Und von Handbuch zu Handbuch verwandeln wir uns in eifrige Schüler und werden dann unsererseits zu Experten. Überzeugt, dass eine gelungene Kommunikation genauen Regeln folgt, dass eine befriedigende Sexualität sich nur unter gewissen Bedingungen entfalten kann und dass unsere gestörten Verhaltensweisen im Rahmen einer Therapie verändert werden können. Von diesem Bücherwissen genährt, finden wir auch nichts dabei, unseren Partner davon profitieren zu lassen. Zum Experten für Paarbeziehungen geworden, verwandeln wir unseren Partner in einen Schüler. Wir verteilen unsere Ratschläge, Analysen und Kritiken mit dem Feuereifer eines Konvertiten. Manchmal gewinnt die Beziehung dadurch, manchmal geht sie noch etwas mehr kaputt. In beiden Fällen haben wir etwas Wesentliches am Wegesrand verloren: unsere Fähigkeit nämlich, Erfahrungen von innen heraus zu machen. Darin liegt der große Unterschied: ein theoretischer Experte in *Zazen,* der Sitzmeditation, zu werden oder sie Tag für Tag zu praktizieren, mit allen Höhen und Tiefen.

Den Anfängergeist annehmen bedeutet nicht, dass man Misstrauen gegenüber Experten züchtet oder sie ablehnt, sondern dass man selbst Experte wird, und zwar einzig und allein für das, was man selbst erfahren hat.

»Das Verlangen wieder entfachen, zusammenleben, ohne dessen müde zu werden, mit Konflikten umgehen . . .« Wir brechen fast zusammen unter den Versprechungen und Ratschlägen, so dass wir, überspült von dieser Flut theoretischer Informationen, keinen Schritt mehr wagen, der nicht von einem Experten für richtig befunden wäre. Wir können nicht mehr von innen heraus fühlen, was wir erleben, wir sind nur noch fähig, es von außen zu beurteilen, mit unserem Kopf.

Lebe ich vielleicht in einer symbiotischen Beziehung? Habe ich nicht einen Elternersatz gesucht? Erleben wir nicht gerade das berühmte »verflixte siebente Jahr«? Wir stellen uns Fragen wie ein Psychiater! Nicht die Fragen, die uns helfen könnten, Neuland urbar zu machen mit unseren eigenen Mitteln, sondern Fragen, die unsere Ängste wieder lebendig werden lassen und uns an unserer Fähigkeit, ohne Krücken zu gehen, zweifeln lassen. Wir können nicht mehr leben, ohne uns Theorien einzuflößen.

Im Zen widerlegt der Anfänger die Worte seiner Meisters nicht, wie er auch die Kompetenzen seines Meisters nicht in Zweifel zieht, aber er schenkt nur demjenigen Meister sein Vertrauen, der ihn zum Experimentieren anregt und nicht dazu, ihn zu imitieren oder ihm blind zu folgen.

Der Meister gibt dem Schüler keine Rezepte, er schlägt ihm vor, Erfahrungen zu machen. »Heiß, kalt, Sie sind es, der diese Erfahrung macht!«, war eines der beliebtesten *Koans* von Taïsen Deshimaru. Dem »Importeur« des Soto Zen in Frankreich in den 70er Jahren lag es stets am Herzen, in seinen Unterweisungen der Erfahrung den Vorrang zu geben.

Ja, es kann sein, dass Ihre Beziehung sehr symbiotisch ist. Ja und? Wie erleben Sie sie in Ihrem Inneren? Engt diese Beziehung Sie ein oder gibt sie Ihnen, ohne dass Sie an die Kette gelegt werden, die innere Sicherheit, die Sie zurzeit brauchen? Sie durchleben das berühmte »verflixte siebente Jahr«? Wer kann Ihnen sagen, wie es ausgehen wird und wie Sie es in einer für Sie förderlichen Weise durchleben?

Ein Experte kann Ihnen Lichter aufstecken, er kann sich aber nicht an Ihre Stelle versetzen, und auch nicht im Voraus mit Sicherheit sagen, wie man am besten handelt. Wir können uns von seinen Worten anregen lassen, wenn wir sie aber wortgetreu befolgen, berauben wir uns der Möglichkeit, kreativ zu werden. Wir hindern uns daran, eigene Mittel zu finden.

Der Geist des Anfängers ist leer, frei von den Gewohnheiten eines Experten, bereit zu akzeptieren, zu zweifeln und offen für alle Möglichkeiten«, sagt uns Shunryu Suzuki.

Theoretisch scheint es einfach, diesen Geisteszustand zu übernehmen: Sich vorwärts bewegen, mit leeren Händen und offenem Geist, bereit, Neues aufzunehmen, ohne Voreingenommenheit.

Nur in der Theorie. Es genügt, einen Moment lang an unsere Partnerschaft zu denken, um zu ermessen, wie weit entfernt wir von *shoshin* sind. Das erweist sich vor allem, wenn wir uns über die Routine beklagen und mit Sehnsucht an die erste Zeit unseres Zusammenseins denken, als beim Anderen noch alles zu entdecken blieb. Aber die Zeit ist vorbei, und heute lässt uns bei unserem Partner nichts mehr vor Freude oder Überraschung zusammenfahren.

»Ich kenne ihn durch und durch«, »Bei ihm gibt es keine Überraschungen«, »Ich weiß, was er sagen wird, bevor er noch den Mund aufmacht«, »Er war schon immer so«, »So ist er nie« ... Immer, nie ... Der Fisch wird in der Reuse der festen Überzeugungen gefangen, und wir mit ihm.

Ohne uns darüber im Klaren zu sein, kultivieren wir ein seltsames Paradox: Wir sind ausgehungert nach Überraschungen und Neuheiten, tun aber alles, was in unserer Macht steht, um unseren Partner im Käfig der Vorurteile und endgültigen Urteile einzusperren. Benimmt er sich zweimal auf die gleiche Weise? Mehr brauchen wir nicht, um daraus definitive Schlüsse zu ziehen: »So ist er«, »Er ändert sich nie.«

Aus Anfängern mit einem offenen Geist für alle Möglichkeiten verwandeln wir uns im Nu in Experten der Verallgemeinerungen. »Immer, niemals«: Wie viele von den Vorwürfen, die wir dem anderen machen, bauen sich auf diesen beiden Sockeln auf?

Wenn wir wenigstens darauf achten würden, unsere Beschuldigungen zu mäßigen: »Ich finde, dass du heute nicht sehr aufmerksam warst«, »Ich habe den Eindruck, dass deine Arbeit zur Zeit immer vorgeht« –, dann ließen wir ihm die Möglichkeit, sich ohne Fußfessel zu bewegen, und vor allem würden wir uns die Möglichkeit zugestehen, uns nicht an eine Überzeugung zu ketten, die uns leiden lässt.

Sich den Geist des Anfängers anzueignen, läuft darauf hinaus, in jeder Sekunde die Augen aufzuhalten für das, was gerade passiert. Wenn doch alles, was lebt, der Unbeständigkeit unterworfen ist, wie können wir dann eine Handlung, eine Verhaltensweise oder ein Wort als Ausdruck von etwas Ewigem betrachten?

Eine neue Geisteshaltung geht mit einem neuen Blick auf die Dinge einher. Den Blick auf das ewig Neue.

Aus jeder Begegnung die erste und letzte Begegnung zu machen, hilft uns, den Schleier des Gewohnten von unserem Geist und unseren Augen zu wischen. Im Japanischen sagt man: »Ichi go ichi e«, diese Begegnung ist einmal.

Zu denken, man kenne den anderen in- und auswendig, hat etwas zutiefst Beruhigendes. In der Überzeugung, die Ecken und Winkel seiner Persönlichkeit zu kennen, glaubt man sich vor üblen Überraschungen gefeit.

Sagt man nicht auch, wenn man verraten oder enttäuscht wurde: »Ich hätte nie geglaubt, dass er dazu fähig ist!« Wir haben nicht geglaubt, dass er dazu fähig wäre, weil wir geglaubt haben, ihn durch und durch zu kennen. Was natürlich nicht stimmte. Oft passiert es auch, dass man von seinen eigenen Handlungen und Reaktionen überrascht ist, dass bei einem bestimmten Ereignis Dinge an die Oberfläche kommen, von denen man selbst nichts wusste. Durch welch ein Wunder sollten wir denn den anderen besser kennen als uns selbst?

Vielleicht muss man langsam die Vorstellung akzeptieren, dass man den Menschen, mit dem man zusammenlebt, nicht kennt, dass er heute nicht der ist, der er gestern war, und dass der, der er heute ist, nicht den ahnen lässt, der er morgen sein wird. Sich dieser Ungewissheit gewiss zu sein, kann uns aus dem Konzept bringen, aber diese Ungewissheit ist nicht gefährlich. Im Gegenteil – sie öffnet Türen. Türen für alle Möglichkeiten. Dafür schließt sie andere. Die der Angst und der Routine, diesem Feind des Paares, auf die alle Experten mit dem Finger zeigen und um die Wette Warnungen und Ratschläge verteilen, um sie aus dem Alkoven zu verbannen. Aber die Routine ist ein eingebildeter Feind.

Routine existiert nur in unserem Kopf. Sie macht sich in dem Raum breit, der unserer Achtsamkeit entgeht. Der Anfänger kennt sie nicht.

Alles kann zur Routine werden. Das Leben selbst kann Routine sein. Ich stehe auf, trinke Kaffee, dusche, gehe zur Arbeit, esse zu Mittag, komme von der Arbeit, esse zu Abend, habe Sex, schlafe ein ... Ein besonderes Ereignis kann die Routine in ihrem Ablauf unterbrechen. Ist es vorbei, tritt die Routine wieder in ihre Rechte. Müsste man also für sehr viel mehr außergewöhnliche Ereignisse sorgen, um ihr zu entkommen? Besteht aber dann nicht die Gefahr, dass sie, wenn sie gehäuft auftreten, ihrerseits zur Routine werden?

In Wahrheit, sagt uns Zen, ist Routine eine Handlung, die ohne Bewusstsein des gegenwärtigen Moments begangen wird. Ich kann eine Tasse Kaffe trinken und dabei an den bevorstehenden Tag denken und die Nachrichten im Radio hören. Ich habe aber auch die Möglichkeit, mich bei allen Handlungen meines Lebens völlig präsent zu verhalten. Hier und jetzt trinke ich eine Tasse Kaffee. Oder höre Radio. Oder denke an den Tag, der mir bevorsteht. Die Empfindungen meines Körpers sind mir gegenwärtig, meine Anwesenheit an diesem Ort, an dem ich mich befinde.

Jeweils eine Sache tun, dabei völlig bewusst und präsent sein. Hat der Kaffee den gleichen Geschmack wie der, den ich gestern getrunken habe? Nein, denn tausend Einzelheiten haben sich verändert. Meine Laune, das Wetter, der Anruf, der mich dabei unterbricht. Die Tage vergehen, und mein Kaffee hat nicht den gleichen Geschmack. Ich kenne keine Routine, dieses trübselige Wiederholen von Handlungen, die ohne wirkliche Präsenz vollzogen werden.

Wie kann zwischen zwei Menschen, denen bewusst ist, dass Beständigkeit nur eine Geistestäuschung ist, Routine aufkommen? Heute bin ich nicht der gleiche Mensch wie gestern, heute ist mein Partner nicht der gleiche Mensch wie gestern, was war, ist nicht mehr. Ein gemeinsam verbrachter neuer Tag kann dem gestrigen oder vorgestrigen Tag nicht gleichen. Unzählige Möglichkeiten, Initiativen, Aufschwünge sterben im Keim, weil sie durch unsere Vorurteile erstickt werden.

Jedes Mal, wenn unser Geist sich verschließt, können wir ihn schütteln und uns wie ein Neuling fragen: »Warum nicht?« Warum nicht einmal den Standpunkt des anderen einnehmen, einfach, um es auszuprobieren? Warum nicht ja zu seinem Vorschlag sagen, der uns im ersten Moment nicht überzeugt? Warum nicht zugeben, dass man auf dem falschen Weg ist oder dass unsere Gewissheiten einer realen Grundlage entbehren?

Der Geist des Anfängers bildet sich, indem wir unsere geistigen Gewohnheiten und unser übliches Verhalten mit Schmirgelpapier bearbeiten. Er entwickelt sich, wenn man bereit ist, alles, was man über sich selbst, über den anderen und über das Paar, das man abgibt, denkt und felsenfest glaubt, in Frage zu stellen. Ein neuer Tag, ein neues Paar.

Warum nicht?

禅

Die Übung

Weder immer noch nie

Sollten Sie sich dabei ertappen, auf eine dieser *bonnos* (Illusionen) zurückzugreifen, dann halten Sie sofort inne und ersetzen Sie sie durch Wendungen, die weniger endgültig und richtiger sind wie z. B. »heute«, »seit einiger Zeit« usw.

Treffen mit einem Unbekannten

Behandeln Sie Ihren Partner heute oder an diesem Wochenende so, als hätten Sie ihn gerade erst kennengelernt.

Fragen Sie ihn nach seinen Neigungen und Wünschen, bitten Sie ihn um Rat.

Schauen Sie ihn wirklich an. Sein Gesicht, seine Hände, seinen Gang.

Hören Sie ihm zu, ohne ihn zu unterbrechen. Nein, Sie wissen nicht im Voraus, was er sagen wird!

Reden Sie mit ihm, als ob er Sie überhaupt nicht kennen würde.

Seien Sie achtsam in jeder Sekunde, die in Ihrer beider Gegenwart vergeht.

Die Frage zum Meditieren

Gibt es etwas, dessen ich wirklich sicher bin?

4

Konflikte durchleben

Nur der Hass trifft eine Auswahl.
Koan

Warum einen Konflikt »durchleben«, statt ihn zu vermeiden, ihn zu »managen« oder auch zu lösen? Wenn ich versuche, einen Konflikt zu vermeiden, verzichte ich darauf, einen Teil von mir zum Ausdruck zu bringen, der unzufrieden ist. Wenn ich versuche, ihn zu managen, teile ich mich auf und werde zugleich Richter und Partei. Wenn ich versuche, ihn zu lösen, dann richte ich meine Aufmerksamkeit auf das zu erreichende Ziel, statt auf die Mittel, die zur Anwendung kommen und die manchmal Öl ins Feuer gießen.

Der Akt des »Durchlebens« erfordert Präsenz und Achtsamkeit. Genau so, wie wenn man eine Straße überquert. Man kümmert sich nicht um eine Lösung der Verkehrsprobleme, man fragt sich nicht im Voraus, was man machen würde, wenn ein Lastwagen bei Rot fährt oder man sich mitten auf der Kreuzung den Fuß verknackst. Man macht einfach all das, was man machen muss, um heil von einer Straßenseite auf die andere zu kommen. Und zu machen, was man machen muss, bedeutet in diesem Fall, eine ungebrochene Aufmerksamkeit an den Tag zu legen.

Bei Konflikten legen wir sicherlich eine ungebrochene Aufmerksamkeit an den Tag. Um den anderen reinzulegen. Um unsere Argumente zu schärfen wie tödliche Waffen. Um bei der geringsten Schwäche die Oberhand zu gewinnen. Und wenn wir nicht zu den dominanten Typen gehören, dann nehmen wir, aus Angst oder Überdruss, die Haltung des Besiegten ein, um der Sache ein Ende zu machen. Ob man nun als Sieger oder Besiegter aus dem Konflikt hervorgeht, in jedem Fall ist man als Paar der große Verlierer. Denn trotz der vorgeblichen oder echten Kapitulation von einem der beiden bleibt die innere Überzeugung unverändert. In jedem Fall bleibt man dabei, Recht zu haben, ganz einfach, weil man weder dem anderen noch sich selbst die Möglichkeit gegeben hat, sich frei zu äußern.

Allen Konflikten liegt Wut zugrunde. Entstanden aus Traurigkeit, Frustration oder einem Gefühl der Machtlosigkeit. Sie erhitzt die Auseinandersetzung und lässt alle Möglichkeiten eines aufrichtigen Austausches zu Asche werden.

Wir alle empfinden Wut. Kalte oder explosive. Wir müssen uns dafür auch nicht schämen. Dafür haben wir aber die Wahl, sie wachsen zu lassen oder sie umzuwandeln.

»Im Village des Pruniers, wo ich wohne und praktiziere, raten wir unseren Freunden, ihre Wut nie länger als vierundzwanzig Stunden für sich zu behalten und sich dem anderen mitzuteilen. ›Liebling, ich leide und ich möchte, dass du das weißt. Ich verstehe nicht, warum du das gemacht hast. Ich verstehe nicht, warum du das zu mir gesagt hast.‹ Das ist das Erste, was man dem anderen sagen muss. Und wenn man nicht ruhig genug ist, um es zu sagen, kann man es auf ein Stück Papier schreiben.«

Das sind nicht die Worte eines Paartherapeuten, und sie stammen auch nicht aus einem Eheratgeber. Es sind Worte des großen Zen-Meisters Thich Nhat Hanh.

Wütend zu sein ist nicht an sich »schlecht«. Man kann wütend sein, weil man ungerecht behandelt wurde, ohne Respekt und Rücksicht. Aber wenn uns bewusst ist, dass Wut eine Information über unseren Gemütszustand und nicht ein Mittel der Kommunikation ist, werden wir verantwortlich dafür, wie wir uns aufführen. Wir können uns darüber bewusst werden, dass Wut ein unfruchtbarer Boden ist, und verstehen, dass es in unserer Macht steht, diesen Boden zu bearbeiten, um ihn fruchtbar zu machen.

Wenn die Wut wächst, können wir ihre Energie nutzen, entweder, um eine Brücke zum anderen zu bauen, oder um eine Waffe für den Kampf zu schmieden.

Im ersten Fall bedeutet einen Konflikt zu durchleben, dass man allmählich beginnt, diese Wut zu erkennen, und sich dann zu fragen, was man wirklich damit machen will. Wenn man sich sagt: »Hier und jetzt bin ich wütend, weil ich traurig bin, weil ich enttäuscht bin, weil es mir weh tut«, dann fängt man an, sich um seine verborgenen Emotionen zu kümmern, die hinter der Wut stecken.

Sich darüber klar zu werden, dass Wut nur ein Schutzschild ist, der unsere Verletzlichkeit verbirgt, heißt, die eigene Verantwortung zu erkennen. »Meine Traurigkeit ist erstmal durch Wut zum Ausdruck gekommen. Wie kann ich jetzt etwas Sinnvolles daraus machen?« Erst von diesem Punkt aus kann man einen Schritt auf den anderen zugehen. Ihm einfach sagen: »Ich empfinde Wut, weil ich traurig bin« verhindert, dass wir uns mit unserer Wut identifizieren, und bringt uns aus der Rolle des Anklägers heraus.

Was der andere mit dieser goldenen Brücke macht, die man ihm baut, ist seine Sache. Seine Antwort wird davon abhängig sein, was er geben kann oder auch nicht, ob er in eben diesem Moment zuhören kann oder nicht. Wir können nur unsere eigenen Gefühle berücksichtigen. Wenn wir nicht in der Lage sind, eine unaggressive Diskussion zu eröffnen, dann können wir unserem Partner sagen, dass wir uns lieber erst beruhigen wollen, bevor wir diskutieren. Eine Diskussion aufschieben heißt nicht, ihr aus dem Weg zu gehen.

Es ist nicht immer leicht, Ruhe zu bewahren, wenn man ins Herz getroffen ist. Man lässt sich vielleicht zu einem Gegenschlag verleiten, aber danach kann man seine achtsame Haltung wiedergewinnen und die Eskalation stoppen, wenn man sagt: »Ich will nicht im Zorn diskutieren, das führt zu nichts, ich will nicht weitermachen«.

Immer, wenn man sich weigert, seine Wut als Form der Kommunikation einzusetzen, sorgt man nicht nur für die Beziehung, sondern auch für sich selbst.

Die Wut bringt uns buchstäblich außer uns. Heißt es nicht »Ich war außer mir«? Genau darum geht es: außer sich geraten, und sich dann verirren, auf Wegen, die uns immer im Kreis führen.

Manchmal hören wir, Konflikte seien heilsam, seien Wachstumskrisen und notwendig für eine Paarbeziehung. Fragt sich bloß, was man unter Konflikt versteht. Wenn es darum geht, zwei verschiedene Sichtweisen übereinzubringen, dann können sie zweifellos fruchtbar sein. Wenn es darum geht, seine »fixe Idee« oder seine »unparteiische Idee« beiseite zu legen, um mit den Worten Suzukis zu reden, dann kann man darin auch einen Prozess sehen, in dem unsere Voreingenommenheit und unsere tief eingenisteten Gewissheiten abgebaut werden.

Aber um einen Austausch so betrachten zu können, müssen wir uns zuerst darin üben, was Thich Nhat Hanh das »tiefe Zuhören« nennt. Das heißt ein Zuhören, ohne gleich zu urteilen, ein Zuhören, das frei ist von der Dualität »gut – schlecht«, ein *mushotoku* Zuhören, ohne den Geist des Gewinnmachens. Das verlangt einiges von uns. Vor allem, den Wunsch aufzugeben, überzeugen zu wollen, mit welchen Mitteln auch immer.

Wir können den anderen nur mit der Aufrichtigkeit unserer Gefühle überzeugen und nicht mit der Richtigkeit unserer Ansichten.

Ist man bereit, dem Menschen, mit dem man sein Leben teilt, »tief zuzuhören«, dann ist man bereit, ihm mit dem Herzen zuzuhören. Zu hören, was er uns über seine Angst, seine Zweifel, seine Enttäuschung oder seinen Kummer sagt. Es heißt auch, bereit zu sein, sich zumindest momentan von seinen alten Kleidern zu trennen, den Hüllen der Gewohnheiten und Überzeugungen, um die Erfahrung einer neuen Perspektive zu machen. Durch Konflikte gehen, sie zu durchleben, gewinnt also seine volle Bedeutung: unbekanntes Land durchqueren, ohne sich zu verirren.

Zuweilen wird das Gute an einer heftigen Szene gelobt: »Man kippt seine Tasche aus, und dann geht's wieder weiter.« Aber was diese Tasche enthält und auf welcher Basis es weitergeht, ist eine andere Frage!

Das Gute an solchen Szenen liegt unbestreitbar in der Möglichkeit, sich »abzureagieren«. Auf einen Punchingball einzudreschen oder einem Verkehrsrowdy den Stinkefinger zu zeigen hat vergleichbare Effekte. Schreien, etwas kaputtmachen und andere beleidigen befreit unbestreitbar von einem erstickenden emotionalen Druck. Wenn Abreagieren darin besteht, seinen Mülleimer über andere auszukippen, dann ist eine heftige Szene zweifellos effektiv.

Und wenn dann noch auf die große Saubermachaktion

heiße Versöhnungen unter der Bettdecke folgen, was will man mehr?

Man sollte aber nicht glauben, dieses Abreagieren könne die Kommunikation ersetzen und sei die Lösung eines Problems oder ein Wundermittel, um ein nur noch leicht flackerndes Verlangen wieder zu entfachen. Da könnte es passieren, dass man sich eines Tages zu seinem Leidwesen darüber klar wird, dass heftige Szenen, so leidenschaftlich sie auch sein mögen, nur Inszenierungen zweier Egos sind, die sich blind und taub im Kreise drehen. Schon der Ausdruck »Szene« spricht für sich. »Er hat mir eine Szene gemacht«, »Wir hatten eine Eheszene.« Wir stehen uns auf einer Bühne gegenüber.

Wir spielen Komödie wie im Theater. Wir schreien, weinen, klagen, seufzen. Selbst wenn wir leiden, entfalten wir mit Wonne die ganze Ausdrucksskala unseres Egos, das heißt der Vorstellung, die wir uns von uns selbst machen. Opfer, Täter, Angeklagte, Generalstaatsanwälte ... Was wir auch tun, wir gehen nie als Sieger aus diesen beiden Rollentypen hervor.

Das Melodram folgt immer einem Szenario, das im Voraus festgelegt wurde. Wie die Geschichte auch verläuft, die Rollen wiederholen sich. Sie können höchstens vertauscht werden.

Die Eheszene ist ein sich ständig wiederholendes Duett und verschafft ein trügerisches Gefühl der Intensität. Sie ist das Ergebnis einer nicht erkannten Wut tief im Inneren, die von Szenario zu Szenario wieder hochkommt und nicht eher aufhört, bis die Akteure, von der Vorstellung erschöpft, zusammenbrechen. Es bleibt also die Illusion, einen Abszess aufgeschnitten oder Bande, die sich gelockert hatten, wieder festgezurrt zu haben.

Gewöhnlich schafft es die Zeit, diese Illusion aufzulösen.

In Wirklichkeit festigt eine heftige Szene die Bindung nicht, verletzende verbale Exzesse und brutales Verhalten hinterlassen unsichtbare, aber sehr reale Spuren. Verletzungen, zu denen noch das Gefühl kommt, nicht wirklich gehört und verstanden worden zu sein. In einer Eheszene stehen sich zwei Gegner gegenüber, und nicht zwei Partner. Es spielt keine große Rolle, ob sie sich am Schluss des Kampfes die Hände schütteln. Die Mittel, die zum Einsatz kamen, sind Kriegswaffen. Wie es immer der Fall ist, wenn man den Ausdruck seiner Impulse für ein legitimes Recht hält.

»Ich habe das Recht, dich als alles Mögliche zu beschimpfen, weil ich das Recht habe, meine Wut zum Ausdruck zu bringen«, »Ich habe das Recht, dich zu demütigen, weil du damit angefangen hast!« Wir fühlen uns berechtigt, mit dem anderen Krieg zu führen. Das Leiden legitimiert alles, weil wir uns nicht darum gekümmert haben, erst mit uns Frieden zu machen. Wie viel Schläge kriegen wir zurück, wenn wir einen ausgeteilt haben? Wenn wir das im Sinn behalten, können wir durch Konflikte gehen und dabei Sorge für unseren Partner tragen, weil wir verstanden haben, dass dies immer noch die beste Art ist, für uns selbst zu sorgen.

Sehen wir uns Aikido an, diese zugleich spirituelle Kampfkunst, die, wie André Protin schreibt, darin besteht, »die aggressive Absicht des Gegners zu neutralisieren, ohne seiner Integrität Schaden zuzufügen, nicht zu versuchen, ihn zu zerstören oder zu demütigen«. Betrachten wir zwei Aikidokämpfer, wie bei ihnen eine Bewegung elegant in die andere übergeht und wie die Anläufe synchron verlaufen. Tanzen sie oder kämpfen sie? Die Gesten des einen erlauben es dem anderen, seine Gesten so schön und präzise wie möglich auszuführen. So sollten auch unsere Konflikte sein – wie ein Ballett zu zweit. Weder angreifen, noch kapitulieren. Einfach neue Gesten entwickeln, die von denen des Partners ausgehen.

禪

Die Übung

Rückkehr zur Gegenwart

Konzentrieren Sie sich in dem Konflikt, den Sie mit Ihrem Partner haben, einzig und allein auf Ihre Emotionen und Empfindungen »hier und jetzt«.

Sprechen Sie nur von der Gegenwart. Sprechen Sie nur von sich. Groll spricht von gestern, Furcht von morgen.

Hier und jetzt:

- Was schmerzt Sie?
- Was regt Sie auf?
- Was sollte sich Ihrer Meinung nach vor allem ändern?

Wenn Ihr Geist ruhig und klar geworden ist, können Sie auf konstruktive Weise diskutieren.

Ihnen ist heiß, Ihnen ist kalt

»Heiß oder kalt, ihr seid diejenigen, die diese Erfahrung machen«, sagte Taïsen Deshimaru oft und gern zu seinen Schülern. Damit wollte er sagen, dass niemand das Recht hat, an Stelle des anderen dessen intime Erfahrung zu verurteilen, sie zu bewerten oder in Zweifel zu ziehen. Diese Erfahrung gehört nur dem, der sie macht. Nur er kann darüber sprechen.

Wenn die Lebensgemeinschaft für Ihren Partner zeitweilig ein unbequemer »Ort« geworden ist, versuchen Sie nicht, ihn vom Gegenteil zu überzeugen, sagen Sie ihm nicht, er irre sich. Fühlen Sie sich nicht verantwortlich für seine Erfahrung.

Wenn Ihr Partner sich über Ihren Mangel an Offenheit

oder Verständnis beklagt, lassen Sie ihn von seiner Erfahrung reden, lassen Sie ihn das, was er empfindet, zum Ausdruck bringen, ohne zu urteilen und auch ohne daraus Schlüsse zu ziehen. Hören Sie einfach zu, was er sagt, bis zum Ende seines »warm« oder seines »kalt«.

Dann sind Sie dran. Teilen Sie ihm mit, was Sie empfinden, sprechen Sie über Ihre Erfahrung einzig aus Ihrer Perspektive. Erst dann können Sie gemeinsam nach einer Lösung suchen.

Die Übung des Lächelns

Das ist eine Übung, die Meister Thich Nhat Hanh zu verdanken ist.

Worum geht es? Um das, was Thich Nhat Hanh »Yoga des Mundes« nennt. Atmen Sie bewusst ein und aus und lächeln Sie dabei einige Minuten lang.

Wenn Sie wütend sind oder Kummer haben, lächeln Sie. »Sie sollten wieder zu sich zurückkommen können, um sich um diese Erschöpfung, diese Wut, diese Enttäuschung zu kümmern«, schreibt der Meister, der anregt, zu lächeln, auch wenn man gar keine Freude empfindet.

»Ich mache es aus Wohlwollen gegenüber mir selbst, um mich um mich selbst zu kümmern, um mir etwas Liebe zu geben. Ich weiß, dass ich mich nicht um den Nächsten kümmern kann, wenn ich mich nicht um mich selbst kümmere.«

Die Frage zum Meditieren

Was für Früchte trägt der Baum meines Zorns?

III

FÜR DIE BEZIEHUNG SORGEN

Nichts existiert ohne Nahrung.
Buddha

Ohne Nahrung hält nichts der Prüfung durch die Zeit stand. Weder Konflikte noch Traurigkeit, weder Freude noch Harmonie. Ohne Treibstoff röcheln diese kraftvollen Motoren und bleiben dann stehen.

Theoretisch wissen wir das. Aber in der Praxis sind wir wie sorglose Kinder, die auf die Vorsehung vertrauen: Uns genügt die Hoffnung, dass unsere Reserven für ein ganzes Leben reichen. Wir leben, als seien unsere Gefühlsbindungen unwandelbar und unverbrüchlich. Wir halten sie für etwas, was wir ein für alle mal erworben haben. Wir sind unterwegs, der Wagen rollt, und solange er rollt, machen wir uns keine Sorgen. Bis ein Hindernis auf der Straße uns von unserem Sitz fallen lässt. Damit beschäftigt, die Landschaft rings umher zu betrachten, mit unseren Nachbarn zu plaudern, sind wir schließlich am Oldtimer-Steuer unseres Lebens eingeschlafen. Und dieser Dämmerzustand macht die Rückkehr in die Realität umso brutaler.

Was ist geschehen? Worin haben wir versagt? In welchem Moment haben wir aufgehört, unsere Beziehung zu nähren?

»Nichts existiert ohne Nahrung« hat der Buddha gesagt. Weder das Gute noch das Schlechte. Wir haben offensichtlich nicht die Gabe, das Unvorhersehbare vorauszusehen. Eine Begegnung zum Beispiel, die wie der Blitz einschlägt, oder den Wunsch unseres Partners, sein Leben ohne uns zu leben. Doch wir können, so wie Zen es uns nahe legt, Tag um Tag Achtsamkeit üben. Nicht nachlassen in der Aufmerksamkeit für die »Kleinigkeiten«, die die Essenz des Lebens ausmachen. Diese Kleinigkeiten, an denen sich unsere Aufmerksamkeit für den anderen und für uns selbst ablesen lässt.

1

Aus der Beziehung den *Dojo* des Paares machen

Der Weg ist unter euren Füßen.
Koan

Nehmen wir einmal spaßeshalber den *dojo* als Metapher für die Paarbeziehung. Wie betritt man diesen Raum, der der gemeinsamen Meditation gewidmet ist? Bestimmt nicht mit Drängeln und Geschrei. Man geht langsam hinein, setzt seine Schritte bewusst und leise, die Gangart passt sich der des vor einem Gehenden an. Meistens ist der *dojo* ein weißer schlichter Raum, Weihrauchduft liegt in der Luft und der Boden ist tadellos sauber gefegt. Niemand gibt uns den Befehl, die Ruhe und Harmonie, die hier herrschen, zu respektieren, aber es käme niemandem in den Sinn, laut zu sein und zu stören. Einfach darum, weil wir uns beim Eintauchen in diesen Raum wohl fühlen, in dem man sich langsam bewegt und in dem Stille herrscht.

In uns wird etwas wach, das dem Gefühl ähnelt, sich in einem Heiligtum zu bewegen, abgeschirmt vom Lärm der Welt.

Im *dojo* meditiert jeder allein, umgeben von anderen. Die äußerste Aufmerksamkeit, die man seinen Bewegungen und seinem Atem widmet, ermöglicht enges Zusammensein in Harmonie. In diesem Raum respektieren wir die anderen und werden von den anderen respektiert.

Sind wir sicher, dass das Gleiche auch für unsere Beziehung gilt? Neigt man nicht im Gegenteil dazu, Intimität und Sichgehenlassen zu verwechseln?

Geraten wir nicht mit der Ausrede, am gleichen Tisch zu essen und im gleichen Bett zu schlafen, dahin, den anderen wie eine bequeme Erweiterung der eigenen Person zu betrachten?

»Ich brauche mich doch nicht zu genieren!« Auch wenn wir das nicht so formulieren, handeln wir doch oft nach dieser Regel, diesem anscheinend selbstverständlichen Recht, das sprachliche Ausrutscher, kleine Egoismen und Faulheit rechtfertigt. Von Tag zu Tag werden die Aufmerksamkeiten der ersten Zeit seltener – schließlich lebt man ja zusammen und die Zeit des Eroberns ist vorbei – und mit dem Gefühl wachsender Sicherheit gelangt man zu der Gewissheit, dass die Anwesenheit des anderen selbstverständlich ist. Dass er da ist und den Wunsch hat, mit uns zu leben. Ohne uns dessen bewusst zu sein, verfallen wir im Lauf der Zeit langsam, aber sicher in die Rolle des geliebten und übermütigen Kindes, das nach der Hand der Mutter greift und sich »Bitte« und »Danke« spart, weil es sicher ist, dass die Mutter in ihrer Liebe ihm diesen Mangel an Aufmerksamkeit nicht übelnehmen wird.

So verwandelt sich auch der *dojo* des Paares in ein lautes, unordentliches Zimmer, in dem ein rücksichtsloses Durcheinander von Körpern und Stimmen herrscht. In diesem Zimmer erlaubt man sich Handlungen und Worte, wie man sie woanders nicht wagen würde. »Was macht das denn auch aus? Das ist mein Mann, das ist meine Frau, wir genieren uns nicht voreinander!«

In der Tat geniert man sich nicht. Aber wir sind dann allen Ernstes erstaunt, irgendwann nicht mehr das kleine Funkeln in seinen Augen zu sehen, wenn er den Blick auf uns richtet. Wo ist der oder die hin, die mich bezauberte und mein Herz höher schlagen ließ? Wo ist der hin, bei dem ich auf meine Worte und Gesten achtete? Er ist nicht verschwunden, er hängt einfach im Wohnzimmer herum und schimpft gerade vor sich hin oder verbringt die Zeit mit Fernsehen.

Wie konnte man es so weit kommen lassen? Auf diese bestürzte Frage haben Medien und Freunde schnell eine überzeugende und sehr bequeme Antwort parat und weisen auf einen wohlbekannten Schuldigen hin: das Monster des Alltags. Nicht wir haben Schuld und sind verantwortlich dafür, versichert man uns, nein, es ist das Monster des Alltags, das auf seinem Wege alles verschlingt, romantische Anwandlungen, heißen Sex und kleine, zärtliche Aufmerksamkeiten. Sein Appetit ist unersättlich und unsere Hoffnungen, ihm zu widerstehen, sind vergeblich. Denn dieses Monster kommt früher oder später aus seiner Ecke gekrochen, fällt über die Beziehung her und reißt sie in Stücke. Natürlich kann man ein paar Tricks versuchen – eine Lustreise, ein Diner bei Kerzenschein, prunkvolle Geschenke, sexy Unterwäsche, um »das Begehren wieder anzukurbeln«, »die Flamme wieder zu entfachen«. Warum nicht?

Aber glaubt man denn wirklich, dass diese amourösen Veranstaltungen, so ernst gemeint und erfolgreich sie sein mögen, in wenigen Stunden die Wochen und Monate des Dösens und des Sichgehenlassens hinwegfegen können? Nein, das Monster des Alltags weiß, dass es nur Geduld haben muss, es weiß, dass seine Stunde kommt. Denn im Grunde sind wir überzeugt, dass Liebe und Alltag nicht gut zueinander passen.

Einerseits gäbe es dann reine, strahlende Liebe, befreit

von allen Trivialitäten des normalen Lebens, und auf der anderen Seite die schwere Bürde der banalen Alltagsdinge, unter denen die Liebe jeden Tag mehr zu Bruch geht.

Aber was ist denn das Alltagsleben anderes als einfach leben? Arbeiten, essen, zur Toilette gehen, sich waschen, miteinander schlafen, sich mit den Kindern beschäftigen, lesen ... Wie könnte man denn dem Alltagsleben entkommen, ohne dem Leben überhaupt zu entkommen?

Liegt das wahrhaft Neue nicht in der Art und Weise, wie wir unser tägliches Leben führen, als Möglichkeit, das Leben in seinem unendlichen Reichtum voll und ganz zu leben, statt zu versuchen, ihm mit allen Mitteln zu entkommen?

Das alltägliche Leben ist das eigentliche Leben und der Ausdruck seiner Realität. Tag um Tag wiederholt man die gleichen Gesten, oft die gleichen Worte, man trifft die gleichen Leute, man lebt am gleichen Ort. Wie sollte einen da nicht der Überdruss ankommen?, fragt man sich, schon im Voraus besiegt.

In Wirklichkeit, so die Antwort des Zen, sind wir im Herzen des Lebens selbst, wenn wir total mit dem gegenwärtigen Augenblick eins sind, aufmerksam für die tausend Geschmacksnuancen, aus denen er sich zusammensetzt und die ihn von Minute zu Minute erneuern. Und wir können dessen nicht müde werden. Wir sind – jeder einzeln – verantwortlich für die Langeweile oder das Sichgehenlassen im *dojo* unserer Ehe. Und wir können diesen heiligen Ort nicht erhalten, indem wir die Sehnsucht nach dem Goldenen Zeitalter pflegen und auch nicht durch unablässiges Grübeln über unseren Groll und unsere Frustrationen, so gerechtfertigt sie auch sein mögen. Solange wir Gesten und Worte wie Automaten wiederholen, öffnen wir dem Monster des Alltags weit die Türen und laden es ein, unser Leben zu verschlingen.

Wenn wir unsere Liebesbeziehung als einen Raum betrachten, dann kann das nicht der Ort sein, wo man sich gehen lässt und herumlümmelt und zugleich der Ort, wo man die Schönheit und die Magie der Liebe zelebriert.

Wir können uns nicht an unserem Partner abreagieren, ihn mit Vorwürfen oder Kritik überhäufen und gleichzeitig hoffen, dass er uns mit Zartgefühl behandelt und Lust auf uns hat.

Der Alltag wirkt nur verheerend, wenn man ihn schlecht nutzt oder ihn als unerfreuliche Notwendigkeit sieht und dabei auf bessere Zeiten hofft.

Wir werfen dem anderen vor, er sorge nicht für den *dojo* der Beziehung, aber haben wir denn unseren Teil dazu beigetragen?

Wenn wir unser Zusammensein wirklich als einen heiligen Raum begreifen, dann lassen wir nicht zu, dass sich dort Staub, Schmutz oder Unordnung ausbreiten.

禅

Die Übung

Fegen Sie den *dojo*

Sie kennen sich besser als irgendjemand sonst. Sie brauchen keinen Persönlichkeitstest und auch keinen Coach, um zu wissen, wer Sie sind. Besser als irgendjemand sonst wissen Sie, in welche Fallen Sie regelmäßig tappen.

Sie können Ihre Überlegungen aufschreiben, das wird Ihnen helfen, klarer zu sehen, was den *dojo* Ihrer Beziehung angeht.

Zunächst betrachten Sie diejenigen Ihrer Haltungen, die Ihnen und Ihrem Partner richtig erscheinen und Respekt für Sie und den anderen zum Ausdruck bringen: Ihre Aufmerksamkeit, Ihre Fähigkeit zuzuhören, die Qualität Ihrer Präsenz, die Pflege, die Sie sich selbst angedeihen lassen, persönliche Aktivitäten, die Ihnen Wohlbefinden und Befriedigung geben. Versuchen Sie zu verstehen, was an diesen Haltungen und Verhaltensweisen für Sie und Ihren Partner wohltuend ist.

Beispiel: *Wenn ich seinen Problemen lausche, lasse ich ihn bis zum Schluss reden, ohne zu urteilen.*

Konsequenzen für ihn: Er fühlt sich nicht verurteilt, er schenkt mir Vertrauen, er fühlt sich weniger allein.

Konsequenzen für mich: Ich mache die Erfahrung eines Standpunktes, der anders ist als der meine, erfahre aber ebenso wie er Unterstützung und Vertrauen.

Meine Schlussfolgerung: Immer, wenn ich den anderen gerecht und mit Respekt behandle, tue ich mir etwas Gutes.

Danach beschäftigen Sie sich auf die gleiche Art mit

Verhaltensweisen, bei denen Sie fühlen, dass sie weder richtig noch respektvoll sind. Weder für Sie noch für den anderen.

Beispiel: *Ich habe die Neigung, eher über das zu reden, was schlecht läuft, als über das, was gutgeht.*

Konsequenzen für ihn: Er fühlt sich ständig angeklagt und nie für das, was er ist, geschätzt. Resultat: Er greift mich an, um sich zu verteidigen, wir sind uns böse.

Konsequenzen für mich: Ich gelte als undankbare und verbitterte Person, ich sehe nur noch das Negative in jeder Situation, ich fühle mich frustriert.

Meine Schlussfolgerung: Ich werde von jetzt an darauf achten, meine negativen Kritiken zu mäßigen, und mehr das Positive zum Ausdruck bringen.

Wenn diese Selbstbilanz abgeschlossen ist, wissen Sie Bescheid über den Zustand Ihres »Raumes« im *dojo* Ihrer Beziehung.

Sie können Ihrem Partner vorschlagen, die gleiche Übung zu machen, und gemeinsam darüber reden.

Eine Woche, die wir unserem Partner weihen

Meistens kommt unser Sichgehenlassen daher, dass wir unseren Partner als jemand Wohlvertrauten ansehen, bei dem man sich nicht um besondere Rücksichtnahme und Behutsamkeit bemühen muss. Wir nehmen uns heraus, das, was er mag und die Richtigkeit seiner Entscheidungen zu beurteilen, wir dringen in seinen privaten Raum ein, um unsere Gelüste oder Bedürfnisse durchzusetzen, als ob sie höchsten Vorrang hätten, wir werden nachlässig in unseren Worten und unserem Verhalten. Kurz gesagt, wir sehen in ihm mehr ein Haustier als den Erwählten unseres Herzens.

Behandeln Sie Ihren Partner für eine Woche – ohne ihm

etwas zu sagen – so, als wäre er überzeugt, das Leben zu zweit sei ein Gefängnis, und es wäre nun Ihre Mission, ihn vom Gegenteil zu überzeugen.

Geben Sie Ihr Bestes, nicht, indem Sie den Märchenprinz oder die Geisha spielen, sondern indem Sie sich gleichfalls als wertvolles Subjekt fühlen.

Vergessen Sie nicht, (im Kopf oder schriftlich) alle Verhaltensweisen, die Sie normalerweise annehmen und die nicht zum Programm der Woche gehören, zu notieren.

Die Frage zum Meditieren

Wann habe ich den dojo *zum letzten Mal entstaubt?*

2

Sich in Achtsamkeit üben

In der Hand der erleuchtete Stein.
Koan

In dem sehr schönen Film *Die Verurteilten* (von Frank Darabont mit Tim Robbins und Morgan Freeman), in dem zu Höchststrafen verurteilte Gefängnisinsassen ihren Ausbruch planen, gesteht einer der Gefangenen, der schon über sechzig ist, seinem Komplizen, dass er Angst hat, »institutionalisiert« zu sein. Das heißt, er hat Angst, so sehr von der Gefängnisstruktur abhängig zu sein, dass ihm das Leben draußen gefährlicher erscheinen könnte als ein Leben hinter Gittern, so schwer erträglich das auch ist.

Wenn die Ehe zugleich ein Objekt der Wünsche und der Ängste darstellt, so deshalb, weil sie die diffuse Drohung einer möglichen »Institutionalisierung« in sich trägt. Die häufigste Klage, diejenige, die dem Wunsch, aus der Ehe auszubrechen, Nahrung gibt, lautet nicht zufällig: »Ich ersticke in dieser Beziehung, ich habe das Bedürfnis, woanders Luft zu holen, um wieder zu mir zu finden!«

Wie kommt man dazu, sich selbst aus dem Blick zu verlieren, in einem Leben stecken zu bleiben, das nicht das ist, das man gewollt hat? Nicht von heute auf morgen natürlich. Sondern durch kleine und versteckte Maßnahmen der Freiheitsberaubung.

Aus kleinen Kontrollen werden kleine Selbstkontrollen, und so gelangen wir dazu, uns zu »institutionalisieren«, ohne uns dessen bewusst zu sein. Bis zum Tag des Auszugs. Unseres Auszugs oder dem des Partners.

Der Mangel an Achtsamkeit, das heißt der Mangel an Aufmerksamkeit für die eigenen Handlungen und Bedürfnisse füttert das menschenfressende Monster der Frustration, bis es schließlich so gierig und lästig geworden ist, dass wir keine andere Lösung mehr haben, als ihm zu entfliehen – weit weg.

Warum fällt es uns so schwer, auf unsere wirklichen Bedürfnisse zu hören? Warum bemerken wir sie erst, wenn wir halb erstickt sind? Weil wir Menschen sind und das wirkungsvollste Schlafmittel »Bequemlichkeit« heißt.

Solange uns nichts weh tut, halten wir uns für gesund. Solange wir nicht weinen, glauben wir, wir seien glücklich. Solange keine schwarzen Wolken über den Himmel unseres Zusammenlebens ziehen, sind wir überzeugt, es sei gutes Wetter.

Wenn wir einen direkten Draht zu uns selbst herstellen würden, dann würden wir bemerken, wie unmöglich es ist, sich selbst aus dem Blick zu verlieren, wir würden merken, dass es unmöglich ist, das, was gut und richtig für uns ist, aus dem Blick zu verlieren.

»In der Unaufmerksamkeit lauert die Gefahr der Inkonsequenz«, schreibt der Zen-Meister John Daido Loori. In dieser Nische der Geistesabwesenheit nisten sich die Eindringlinge ein, und dann passiert es, dass wir eines Tages ausrufen: »Aber das ist nicht das Leben, das ich wollte!« Wem soll man aber böse sein, dass man unerwünschten Personen die Tür geöffnet hat, wenn nicht sich selbst?

Die Unaufmerksamkeit stiehlt unser Leben. Sie stiehlt unser Leben als Paar, um daraus etwas zu machen, das sich ohne uns verändert.

Achtsamkeit ist das Herzstück des Zen, seine Säule. Keine Achtsamkeit, kein Bewusstsein; kein Bewusstsein, kein wirkliches Leben. Während der Sitzmeditation *zazen* wird man manchmal von Schläfrigkeit übermannt. Im Japanischen heißt Schläfrigkeit *kontin* (von *kon* Dunkelheit und von *tin* versinken). Man bittet dann um den *kyosaku,* ein Holzlineal, mit dem auf die Schulter am Halsansatz ein Schlag verabreicht wird. Die Heftigkeit des kräftigen und belebenden Schlags mit dem Holzstock bringt uns direkt wieder in unseren Körper zurück, hier und jetzt.

Im Zen wird die Achtsamkeit auch »vollkommenes Bewusstsein« genannt. Die Praxis besteht darin, jeden Augenblick zu erleben, indem man seine Aufmerksamkeit auf das richtet, was gerade passiert, in einem selbst und um einen herum.

»Achtsamkeit praktizieren heißt Liebe praktizieren«, schreibt Thich Nhat Hanh. Wenn man sich der unendlichen Vielfalt der Erfahrungen bewusst ist, die das Leben uns bietet, Tag um Tag, dann kann man sich nur zutiefst lebendig fühlen. Vielleicht ist das Liebe: die tiefe und undeutliche Dankbarkeit dafür, sich neben einem anderen lebendigen Wesen lebendig zu fühlen. Wenn man wirklich bei sich ist, dann ist die Beschäftigung mit sich selbst kein voluntaristisches (vom Willen zur Selbstbehauptung gesteuertes) Vorgehen mehr, so wie es in den Handbüchern zur Persönlichkeitsentwicklung steht, die vorschreiben, »in sich hineinzuhören« oder sich auf der Stelle zu »entspannen«.

Wenn man seine ganze Aufmerksamkeit darauf richtet, was man gerade erlebt und empfindet, dann stellt man eine direkte Verbindung zu sich her. Dann kann man wissen, und nicht nur mit dem Kopf, was gut und richtig für einen selbst ist.

Im Zusammenleben kommt das Ignorieren oder Zensieren unserer tiefsten Bedürfnisse nicht nur daher, dass es uns schwerfällt, auf uns Acht zu geben, sondern auch von einer unklaren Angst. Es ist die Angst, die Luft auf der anderen Seite der Mauer einzuatmen und sie erfrischender zu finden.

»Wenn ich mir mehr Zeit zugestehen würde, könnte ich daran Gefallen finden und feststellen, dass ich den anderen nicht brauche«. »Wenn ich ihn nicht im Netz unserer Beziehung halte, dann könnte er Lust auf anderes und woanders bekommen«. »Wenn ich mir mehr Freiheiten nehme, könnte er das auch wollen«. Also verdrängen wir unsere Bedürfnisse in der Überzeugung, dass man nicht gleichzeitig den Kuchen essen und aufbewahren kann.

Es geschieht trotzdem, dass die Frustration sich Bahn bricht. Wir schlagen dann mit der Faust auf den Tisch und bringen unsere Wünsche in der Art eines Generals zum Ausdruck, der seinen Schlachtplan enthüllt: »Ab morgen werde ich an mich denken, das steht fest!«

Eine lobenswerte Entscheidung, wenn sie nicht gegen den anderen getroffen wird, sondern für einen selbst, und wenn sie nicht wie die Worte eines Pubertierenden klingen, der versucht, von den erdrückenden Bindungen an die Eltern loszukommen.

Um diese über das Ziel hinausschießenden Reaktionen zu vermeiden, die zur Quelle von Konflikten und Missverständnissen werden, sollten wir regelmäßig einen Halt einlegen, wir sollten einen Termin mit uns selbst machen und uns klare Fragen stellen. »Bin ich bei dieser Art zu leben und in dieser Beziehung mit meinen Bedürfnissen wirklich noch in Einklang?« »Bauen mich diese Art zu leben, diese Art der Beziehung auf oder frustrieren sie mich?« »Wie kann ich heute abstellen, was mich frustriert?« »Wie kann ich das, was mich glücklich macht, noch mehr genießen?«

Achtsamkeit übt man in kleinen Schritten, weder durch große Reden noch durch große Umwälzungen.

禅

Die Übung

Probieren Sie die Konzentration auf eine Handlung
Wählen Sie jeden Tag einen Moment im Tageslauf aus – das Frühstück, die Dusche, das Mittagessen – um auszuprobieren, was im Zen *»ichigyo-zammai«* genannt wird, das heißt die Konzentration auf eine Handlung.

Richten Sie in diesem speziellen Zeitraum Ihre Aufmerksamkeit auf die Empfindungen, die Sie verspüren, die Gefühle, die nacheinander in Ihnen auftauchen, und darauf, wie sich der Augenblick anfühlt (Ort, Licht, Geräuschkulisse).

Wenn Sie regelmäßig *ichigyo-zammai* praktizieren, werden Sie fühlen, wie sich Ihre Sinne und Ihr Geist schärfen. Und Sie werden feststellen, dass es in diesen Momenten, in denen Körper und Geist vereint sind, unmöglich ist, Langeweile zu spüren.

Nach und nach wird der Geist der Achtsamkeit alle Bereiche unseres Lebens erfüllen. Sie werden nicht mehr schläfrig sein.

Den *kyosaku* erkennen
Der *kyosaku* ist ein flaches Holzlineal, mit dem man jemandem, der *zazen* praktiziert und ins Dösen gerät, einen kurzen und kräftigen Schlag auf die Schultern verabreicht. Dieser Schlag, um den der Meditierende selbst bittet, zielt darauf, ihn unmittelbar in den gegenwärtigen Augenblick zurückzubringen.

Im Alltag passiert es, dass wir *kyosaku* verabreicht bekommen, ohne dass wir darum gebeten hätten. Und was noch ärgerlicher ist, ohne dass wir uns bewusst sind, dass der Schlag, den man uns verpasst hat, uns aus unserem Halbschlaf reißen sollte.

In einer Paarbeziehung kann *kyosaku* die Form eines Konflikts annehmen, es können Anschuldigungen, Kritik oder auch Vorwürfe sein, die man an uns richtet. Möglicherweise ist das, was wir zu hören kriegen, ungerecht oder unbegründet, es kann aber auch sein, dass ein brutaler Schlag eine heilsame Warnung ist.

Gehen Sie in Gedanken durch, was Sie in letzter Zeit verletzt hat, das von Ihrem Partner kam.

Welche Worte (Kritik, Vorwürfe, Beschuldigungen)? Welches Verhalten (Gleichgültigkeit, Gereiztheit, Zerstreutheit, Grobheit)?

Versuchen Sie dann, alles das aufzulisten, was bei Ihren Worten oder Handlungen seiner Kritik Nahrung gegeben haben könnte.

Greifen Sie auf, was Ihnen daran gerechtfertigt erscheint, und überlegen Sie, in welcher Weise Sie Ihr Verhalten so ändern könnten, dass es richtiger wird.

Reagieren Sie auf Ihre Bedürfnisse

Es ist wichtig, die Aufmerksamkeit auf die eigenen Bedürfnisse zu richten, um nicht in ein Leben abzugleiten, das uns nicht entspricht.

Fragen Sie sich, welches Ihre grundlegenden Bedürfnisse sind:

- Mehr Zeit?
- Künstlerische oder körperliche Aktivitäten?
- Eine Ecke für sich allein im Haus?
- Von Zeit zu Zeit allein in Urlaub fahren?

Stellen Sie sich die Frage, was alles für Ihr Wohlbefinden notwendig ist, und überlegen Sie dann, wie man das in die Tat umsetzen könnte.

Sie können mit Ihrem Partner darüber sprechen, nicht, damit er Ihre Entscheidungen gutheißt, sondern um gemeinsam die beste Möglichkeit zu finden, wie man sie in Ihre Beziehung integrieren kann.

Die Frage zum Meditieren

Wer entscheidet für mich, wenn ich schlafe?

3

Sich zur Wand drehen

Wir stehen in unserem eigenen Schatten
und wundern uns, dass es dunkel ist.
Koan

Wenn sie den letzten Schleier durchdringen wollen, der sie von der reinen Wirklichkeit trennt, drehen sich meditierende Buddhisten zur Wand. Zur Wand des *dojo* oder zur Steinmauer ihrer Einsiedelei. Sie entziehen sich dem lauten Spektakel der Welt und versuchen, das Wesentliche des Lebens zu erfassen. Sie lassen das Dekor bzw. Beiwerk hinter sich und betreten die Wirklichkeit. Je mehr Dekor, desto mehr Ablenkung; je mehr Ablenkung, desto mehr Fluchtmöglichkeiten. Das Gesicht zur Wand gekehrt, lassen die Meditierenden während mehrerer Stunden die Bilder in ihrem Geist vorbeiziehen und ihn in die große Leere eintauchen.

Furcht, Angst, Erregung, Neugier – sie durchleben alle Facetten des Seelenlebens. Einige erleben einen anhaltenden Frieden, andere die Erleuchtung, *satori,* und einige schließlich kosten zumindest einige Momente lang von der tiefen Stille des Daseins, frei vom üblichen Getöse.

Den gewohnten Rahmen zu verlassen kostet Anstrengung. Es bedeutet, dass man zumindest für Augenblicke sein Leben mit einem distanzierten Blick betrachtet. Ein Leben, dessen Hauptantrieb »machen« heißt. Kaum zeigt dieser Motor Anzeichen von Schwäche, fühlen wir schon, wie uns Angst überkommt. Am Straßenrand des Lebens liegen geblieben, bemühen wir uns ängstlich darum, dass er wieder anspringt, um nicht länger von der großen Polka ausgeschlossen zu sein.

Geld machen, Liebe machen, Einkäufe machen, Pläne machen, Reisen machen, Kinder machen ... Je mehr wir machen, desto zufriedener sind wir mit unserem Leben. Je vollgestopfter unsere Tage sind, desto lebendiger fühlen wir uns, desto mehr haben wir das Gefühl, alles im Griff zu haben. Bloß kein Leerlauf. Die Szenerie unseres Lebens wird immer überladener und die Angst vor Verlust immer fühlbarer.

In unserem Leben als Paar sieht es genauso aus. Angefangen beim banalen Ausgehen ins Restaurant und ins Kino, über Abendessen mit Freunden und Bekannten bis hin zur großen Traumreise bemisst sich der Erfolg eines Paares danach, dass es möglichst viele Sachen »macht«, die beiden Spaß machen. Dieses Kriterium wäre ja vollkommen akzeptabel – schließlich müssen wir unsere Vorstellungen nicht an denen der großen spirituellen Meister ausrichten, um ein erfülltes Leben zu führen –, wenn es uns vor dem Leiden schützen würde, das aus der Überzeugung kommt, dass man alles »falsch gemacht hat«, wenn der Motor des »Machens« nicht mehr anspringt. Nicht mehr ausgehen, keine Reisen mehr, keine nette Clique mehr, keine Kinder mehr im Haus und das Miteinander wird unerträglich. Welchen Wert haben die Worte, die man austauscht? Wodurch wird die Intimität aufrechterhalten? Wie soll man dieses lastende Schweigen brechen, das über eine Beziehung hereinbricht, bei der der gewohnte Rahmen fehlt?

Ehepaare machen die Erfahrung, eine Wüste zu durchqueren, oft dann, wenn die Kinder das Elternhaus verlassen, um auf eigenen Füßen zu stehen. Aber auch, wenn die Arbeitslosigkeit zuschlägt, wenn sich aus vielerlei Gründen die Clique auflöst. Wenn alle Bildschirme, die es dem Paar erlaubten, sich »draußen« zu amüsieren, verschwunden sind.

Was bleibt dann, außer einer großen Bitterkeit, einer fürchterlichen Enttäuschung? Man hat sich nichts mehr zu sagen, das gemeinsame Leben hat nichts Spannendes mehr. Eine bittere Feststellung, die sehr oft zu der von der ganzen Gesellschaft anerkannten Schlussfolgerung führt: Wenn man sich zu zweit langweilt, dann muss man einfach nur den Partner wechseln! Das kann tatsächlich eine Lösung sein, die einzige schließlich, die einen neuen Aufschub garantiert. Aber oft wird das Rennen nach Unterhaltung nur mit dem neuen Partner fortgesetzt, bis das neue Dekor abgenutzt ist.

Hätte man nicht besser versuchen sollen, zwischen »Spaziergängen vor Kulissen« und den »Meditationen vor der Mauer« das Gleichgewicht zu halten?

Wäre es nicht besser gewesen, wenn man Tiefpunkte und Zeiten der Langeweile zu zweit in homöopathischen Dosen zu schlucken gelernt hätte?

Wenn sich unsere Kinder über Langeweile beklagen, weil nichts Aufregendes die Routine eines langen Tages zu Hause unterbricht, mögen wir überzeugt (und überzeugend) erwidern, dass Langeweile zum Leben gehört und man sein Leben nicht im Disneyland verbringen kann. Überzeugend, aber unfähig, diese elementare Weisheit auf unser Leben anzuwenden.

Seien wir ehrlich, wir beurteilen denjenigen als »richtigen Partner«, der uns zu unterhalten weiß. Intellektuell, emotional und erotisch. Wir erwarten, dass er uns zum Lachen bringt, dass er beim Liebesspiel erfinderisch ist, dass er anregende Unterhaltungen führt, und auch den guten Geschmack hat, uns mit dem zu versorgen, was wir brauchen, um uns als Individuum zu entfalten: Aufmerksamkeiten, Zeit, Treue oder auch Geld. Wir erhoffen von unserem Zusammensein, dass es uns davor bewahrt, uns mit dem Gesicht zur Wand wiederzufinden, wir wünschen uns, dass es den großen Spaziergang auf der Lebensbühne so lange wie möglich ausdehnt.

Dabei wird uns gar nicht klar, wie sehr dieses Leben zu zweit mehr und mehr einer Filmkulisse gleicht, wie viel Energie wir darauf verwenden, Spaß und ein angenehmes Leben zu haben und unser Prestige zu steigern, und wie wir im Laufe der Zeit immer schwächer werden, jeden Tag etwas blinder und tauber für das Wesentliche. Im Ringelreihen der Unterhaltung gefangen, verliert unser existenzielles Immunsystem alle Abwehrkräfte. Wir werden immer abhängiger von optimalen Lebensbedingungen, wir erschöpfen uns darin, sie herzustellen, und sind uns immer weniger bewusst, wie vergänglich und kostbar jeder Augenblick des Lebens im Grunde ist.

Wenn uns daran liegt, uns selber gut zu behandeln, dann sollten wir uns regelmäßig zur Wand drehen. Wir sollten von Zeit zu Zeit mit unserem Rennen nach dem Aufregenden und Außergewöhnlichen aufhören, um miteinander in der Schlichtheit der wahren Intimität zu leben. Eine Zeit, in der man sich nichts vornimmt, nicht irgendwo dabei sein muss, wo nichts Besonderes passiert, ganz normale Zeit, reduziert auf ihren einfachsten Ausdruck: zwei Menschen, die miteinander sprechen oder schweigen, sich ansehen oder sich zuhören. Mit Neugier oder Mattigkeit, Leidenschaft oder Verärgerung, mit Verlangen oder Zärtlichkeit. Der Kulisse beraubt, um so mit neuen Augen zu sehen, neuen Ohren zu hören – das Leben, so wie es ist.

禅

Die Übung

Sich nichts vornehmen und nichts planen

Drehen Sie sich an diesem Wochenende zur Wand.

Nehmen Sie keine Einladung an, nehmen Sie sich nichts vor, planen Sie nichts. Begnügen Sie sich damit, an diesen beiden Tagen alles so zu nehmen, wie es kommt.

Nebeneinander oder jeder für sich. Beobachten Sie aufmerksam alle Empfindungen und Gefühle, die in Ihnen auftauchen: Ärger, Erleichterung, innere Unruhe oder Beruhigung.

Auf das »Gesicht zur Wand« konzentriert, können Sie ausprobieren, wie es sich als Paar »ohne Drumherum« lebt.

Wenn Sie das, was hier in Anführungszeichen steht, häufiger betreiben, werden Sie vielleicht merken, dass Sie in sich und als Paar über Ressourcen verfügen, die es Ihnen ersparen, systematisch »draußen« nach Geschmacksverstärkern zu suchen.

Vielleicht wird Ihnen aber auch klar, dass Ihre Beziehung ohne den äußeren Rahmen etwas »dröge« ist. Niemand anders als Sie kann wissen, was an Zutaten fehlt, und niemand anders als Sie kann wissen, wo und wie sie zu finden sind.

Kein Ersatz!

Ein Erfolg versprechender Plan fällt ins Wasser? Verzichten Sie darauf, sofort nach einer Ersatzlösung zu suchen. Kauen Sie auf Ihrer Enttäuschung herum und lassen Sie sie dann beiseite. Spüren Sie, wie sie jetzt durch eine diffuse Angst ersetzt wird: Ich werde mich langweilen, ich habe es nicht gern, wenn ich nichts zu tun habe, ich werde Trübsal blasen … Lauschen Sie den ängstlichen Gedanken, die Ihnen im Kopf herumschwirren. Sie können sie in der Reihenfolge, in der sie auftauchen, notieren.

Lassen Sie sie vorbeiziehen …

Genießen Sie es jetzt, wieder zur Ruhe zu kommen.

Wahrscheinlich haben Sie etwas Erfreuliches verpasst, aber wie oft haben Sie den Mut genossen, das Gesicht zur Wand zu drehen, ohne Reserverad und ohne Ersatzlösung?

Die Frage zum Meditieren

Was sehen Sie hinter den Kulissen?

4

Auf die Beständigkeit setzen

Ein Tag, ein Leben.
Koan

So erstaunlich das auch scheinen mag, aber Helden können alle werden. In eiskaltes Wasser springen oder durch die Flammen laufen, um ein Kind zu retten, den Kopf heben und den Kampf gegen eine schwere Krankheit aufnehmen. In Ausnahmesituationen legt man unvermutet Kräfte an den Tag, die eine spontane Geste in eine Heldentat verwandeln. Aber wie schwer ist es doch, Tag um Tag mit den Kümmernissen und Widrigkeiten des normalen Lebens fertig zu werden! Kein Publikum würdigt unsere Großtaten, und uns wird keine Belohnung überreicht.

Wenn man einen Lama oder einen Zen-Mönch sieht, staunt man über die ruhige und heitere Kraft, die von ihnen ausgeht. Wir beneiden sie um ihre Ausstrahlung und um die Würde ihrer Gesten und Worte. »Davon bin ich weit entfernt. Das sind außergewöhnliche Wesen, dagegen bin ich aus gewöhnlichem Holz« denken wir, zugleich bewundernd und entmutigt.

Und wir irren uns. Diese Wesen, so außergewöhnlich sie erscheinen, sind in Wirklichkeit gewöhnliche Menschen. Aus dem gleichen Holz geschnitzt wie wir. Wie wir kennen auch sie Wut, Neid, Mutlosigkeit und Zweifel. Aber während wir resignieren, mühen sich diejenigen, die wir bewundern, Tag um Tag, Stunde um Stunde, Minute um Minute, darum, dass Wut, Neid oder Niedergeschlagenheit nicht über ihr Leben herrschen. In der Eiseskälte der Meditationssäle, im Refektorium, wo sie ihre spärlichen Mahlzeiten einnehmen, im Garten, wo sie sich der Arbeit widmen, setzen sie ihr ganzes Bewusstsein und alle Kraft daran, das, was sie tun, so zu erleben, als sei es das erste und letzte Mal.

Vielleicht bewundern wir auch ein Paar in der Art, wie wir diese spirituellen Menschen bewundern. Dafür, wie lange sie schon miteinander leben, für die Zärtlichkeit, die aus jeder Geste, die sie austauschen, spricht, für das Feuer der Liebe, das noch unter der Oberfläche zu spüren ist.

»Sie haben großes Glück gehabt, jeder hat den gefunden, der ihn ergänzt«, denken wir mit Neid und können der Versuchung nicht widerstehen, einen Vergleich zwischen ihnen und uns zu ziehen. Der ist notgedrungen nicht zu unserem Vorteil. »Außergewöhnlich«, »vom Glück begünstigt«, so sehen wir diese Menschen. Ach, wir Armen, wir gewöhnlichen Unglücksraben!

Nicht einen Augenblick kommt uns die Idee, dass diese Lamas, diese Mönche oder auch diese von den Göttern gesegneten Paare den gleichen Weg gehen müssen wie wir auch. Einen Weg, der von Zweifeln, Müdigkeit oder dem Wunsch, eine Abkürzung zu nehmen, markiert ist.

Nicht einen Moment bedenken wir, dass »Magie« vielleicht nicht das Einzige ist, was ihren »Erfolg« ausmacht. Oder wenn Magie oder Glück dabei ist, dann ist das vielleicht nur ein Name für den Glauben. Für die Entschlossenheit. Einen Glauben und eine Entschlossenheit, die wir in den ersten Zeiten unserer Beziehung bewiesen haben, die aber im Laufe der Zeit schwächer geworden sind.

Denn Glaube und Entschlossenheit erlahmen unweigerlich. Wenn sie nicht von Ausdauer abgelöst werden.

Reicht ein einziges Festmahl im Monat, um zu leben? Eine einzige Stunde der Meditation, um seinen Geist zur Ruhe zu bringen? Eine einzige liebevolle Geste, um zu lieben und geliebt zu werden? Die Antwort kennen wir. So üppig das Festmahl auch sein mag, so intensiv die Meditationsstunde, so weitherzig die Geste der Liebe, nichts davon kann dauerhaft Früchte tragen.

Im Zen nehmen »Demut« und das »Kleine« einen ganz wichtigen Platz ein. Aus diesem Grunde macht die Zen Philosophie ausdrücklich einzig den Alltag zu ihrem Übungsfeld. Die tägliche Übung führt zur Wiederholung, die Wiederholung führt zur richtigen Geste und die richtige Geste zur wahren Präsenz.

Welcher Liebende wäre denn glücklich über ein prunkvolles Geschenk zum Geburtstag und dreihundertvierundsechzig Tage Gleichgültigkeit?

Welcher Liebende wäre denn frustriert, weil er kein prächtiges Geschenk bekommt, wenn er an dreihundertfünfundsechzig Tagen Zuneigung und Respekt empfängt und zurückgibt?

Beständigkeit ist zweifellos der schönste Liebesbeweis und zugleich ihr Lebenselixier. In der Sorgfalt für das »Kleine«, Tag für Tag, wird die Liebe genährt, sie erstarkt und wächst.

Nin, so heißt Beständigkeit auf Japanisch, ist für Shunryu Suzuki unerlässlich, wenn man wahrhaft Zen praktiziert. »Diejenigen, die den Zustand der Leere kennen, werden immer in der Lage sein, ihre Probleme durch Beständigkeit zu lösen.«

Nur mit Durchhaltevermögen kann man über den

Zweifel und die Mutlosigkeit triumphieren. Heute mache ich das, was ich machen muss, so gut, wie ich kann, ungeachtet der Umstände. Es ist nicht so wichtig, ob sie nun günstig oder ungünstig für mich sind. Der Zen-Mönch meditiert mit dem Gesicht zur Wand, ob die Sonne nun scheint oder eisige Kälte herrscht. Jeden Tag übt der Dalai Lama sein Mitgefühl aus, ob die chinesische Regierung in ihrer Politik dem tibetischen Volk gegenüber unnachgiebig ist oder nicht. Jeden Tag setzt das »Traumpaar« alles daran, dass Zärtlichkeit über die Härte siegt und Verständnis über den Vorwurf.

Jeden Tag wird für das »Kleine« gesorgt. Ohne Ausnahme.

禅

Die Übung

Begießen Sie, was wachsen soll

Verabschieden Sie sich morgens mit einem lieben Wort, einem Kuss, einer zärtlichen Geste. Begrüßen Sie sich abends auf die gleiche Weise. Egal, ob Sie gerade eine schwierige Phase durchmachen oder nicht in verliebter Stimmung sind.

Karlfried Graf Dürckheim, ein spiritueller Lehrer, der Zen-Philosophie unterrichtete, pflegte zu sagen, man solle nicht warten, bis sich der Geist beruhigt habe, um zu meditieren, sondern meditieren, damit der Geist sich beruhige.

Berühren Sie sich

Entzweite Paare berühren sich nicht mehr.

I shin den shin, von Seele zu Seele kommunizieren, ist sehr wichtig, aber jeden Tag von Haut zu Haut kommunizieren ebenso. Die Botschaften der Liebe und Zärtlichkeit, die die Körper austauschen, wirken am stärksten.

Atmen Sie die Haut Ihres Partners ein, berühren Sie sich, streicheln und umarmen Sie sich. Sinnlichkeit und die Sinne gehören zusammen. Pflegen Sie dieses Band.

Machen Sie ein Treffen aus

Legen Sie jeden Monat oder jede Woche einen Tag oder Abend nur für Sie beide allein fest. Ohne Ihre Kinder. Einen Tag des hundertprozentigen Vergnügens. Einen Waldspaziergang, Kino, Restaurant oder Nichtstun. Wählen Sie, was Ihnen am liebsten ist und halten Sie dieses Rendezvous hoch. Und wenn es noch so viel kostet.

Die Momente der Zweisamkeit werden manchmal intensiv und manchmal auch »flach« sein. Das ist nicht so wichtig. Sie bringen zum Ausdruck, dass Sie entschlossen sind, sich regelmäßig wieder füreinander zu entscheiden.

Die Frage zum Meditieren

Ist nicht ein bisschen Wasser jeden Tag besser für das Wachstum?

5

Von Seele zu Seele kommunizieren

Eins gewonnen, eins verloren.
Koan

I shin den shin: »von meiner Seele zu deiner Seele«, was man auch als »von Geist zu Geist« übersetzen kann. So gibt im Zen der Meister seine Lehre an den Schüler weiter. Ohne den Versuch, ihn zu überzeugen oder zu zwingen.

Um das Wesen dieser Kommunikation zu verstehen, die frei ist von der Sorge, wie man dem anderen erscheint, oder dem Wunsch, Macht über den anderen zu gewinnen, genügt es, sich die Momente ins Gedächtnis zurückzurufen, in denen man zu sich selber spricht. Ohne Hintergedanken vertrauen wir uns unsere Zweifel, unsere Sorgen und Hoffnungen an. In solchen Momenten kommt unser ganzes Wesen zum Ausdruck.

Wenn man aus seiner »Seele« heraus spricht – man könnte auch »Herz-Geist« sagen – dann ist das die Stelle in uns, die sich der Selbstbespiegelung entzieht. So wie man sich auch, wenn man betet, auf sein Allerinnerstes zurückzieht, damit man sein Herz weit öffnen kann.

In diesen Momenten, in denen wir beten oder unser Ego fallen lassen, sprechen wir aus, was wir auf dem Herzen haben. Ohne zu mogeln, ohne Tricks, und es ist uns egal, ob wir im besten Licht erscheinen. Unser einziges Bedürfnis ist, so ehrlich wie möglich zu sein. Wenn wir aus der Seele heraus sprechen, aus dem Herz-Geist, dann erleben wir wirkliche Kommunikation.

Wenn sich der Meister an seinen Schüler in der Haltung des *I shin den shin* wendet, dann versucht er nicht, ihm seine Sicht der Dinge aufzuzwingen, und er benutzt auch keine Tricks. Er ist bestrebt, ihm seine Erfahrung mitzuteilen, und benutzt dazu Geschichten oder Koans, die er in ihm nachwirken lässt. Was der Schüler aus den Worten des Meisters macht, ist seine Sache. Der Meister ist nur für die Mittel verantwortlich, die er einsetzt, um das Wesentliche des Weges, den er praktiziert, zu vermitteln.

Wir sind durchaus fähig, die Momente, in denen wir *I shin den shin* kommunizieren, zu erkennen und von jenen zu unterscheiden, in denen wir den anderen nur überzeugen oder zwingen wollen, statt uns verständlich zu machen. Leider haben wir nicht gelernt, in dieser Art – von Seele zu Seele – zu kommunizieren.

Trotz aller Reden bewegen wir uns in einer Kultur, in der das Recht des Stärkeren herrscht. Des Stärkeren, der brillant zu reden weiß, dem man nichts vormacht, der einschüchtert und aus allen Wortgefechten als Sieger hervorgeht. Aber hat er wirklich mit den anderen kommuniziert?

Wir lernen auch – und das ist in einer Kultur, in der der äußere Schein Vorrang hat, gang und gebe – Empfindungen und Emotionen zu maskieren oder zu verbergen. So müssen wir uns ihrer nicht schämen oder können besser blenden.

In Wirklichkeit kennen wir nur zwei Arten zu kommunizieren: Armdrücken, um zu zwingen, und den Tanz der sieben Schleier, um zu verführen. Das gilt auch für das Leben zu zweit.

Wenn wir etwas bekommen wollen, manipulieren wir

entweder unseren Partner, indem wir ihn verführen, oder wir greifen zur Erpressung und Einschüchterung oder werden brutal. Seltener gehen wir das Risiko ein, aus unserem »Herz-Geist« heraus zu reden. »Und wenn er nun meine Blöße nutzt, um mich an meiner empfindlichsten Stelle zu treffen?« »Und wenn er sich nun meiner Verletzlichkeit bedient, um Macht über mich zu gewinnen?« Wir haben Angst, uns so zu zeigen, wie wir sind. Nackt – unter den gleißenden Verkleidungen des Ego. Wir haben Angst, die Türen unseres Herzens zu öffnen, als kämen gleich Gespenster hervor. Wir sind überzeugt, dass Aufrichtigkeit ein zu großes Risiko bedeutet. Weil wir das Gefühl haben, wir hätten etwas zu verlieren. Prestige, Einfluss, Glaubwürdigkeit.

Wenn man bedenkt, wie anstrengend und vergeblich es ist, sein Image zu verteidigen und all seine Energie darauf zu verwenden, seine Erscheinung perfekt zu gestalten, dann könnte man langsam anfangen, sich so zu akzeptieren, wie man ist.

Vielleicht würden wir uns schließlich lieben. Vielleicht würden wir dann auch den anderen so lieben, wie er ist, und nicht mehr das kritische Urteil in seinem Blick fürchten.

»Ihr müsst in Bezug auf eure Gefühle und euren Geist wahrhaftig sein, das erleichtert das Verständnis für den, der euch zuhört. Wenn ihr jemandem zuhört, dann lasst alle Vorurteile und subjektiven Meinungen weg; ihr solltet richtig zuhören, und ihn einfach beobachten«, schreibt Shunryu Suzuki.

In dem Wort »richtig« steckt die ganze Macht eines Geistes, der aufreibende Machtkämpfe aufgegeben hat, um sich der wahren Kommunikation *I shin den shin* zu öffnen.

Im Folgenden bezieht sich Suzuki auf Meister Dôgen:

»Wenn ihr mit jemandem sprecht und er nicht akzeptieren kann, was ihr sagt, dann versucht trotzdem nicht, es ihm über den Intellekt verständlich zu machen. Diskutiert nicht mit ihm; hört einfach seinen Einwänden zu, bis er selber darin einen Fehler entdeckt. Versucht nicht, jemandem eure Vorstellung aufzudrängen, sondern denkt stattdessen mit ihm zusammen darüber nach. Wenn ihr das Gefühl habt, ihr hättet bei der Diskussion gewonnen, dann ist auch das keine gute Haltung. Beschränkt euch darauf, zuzuhören«.

Das ist eine klare Beschreibung der Haltung, die man einnehmen sollte, wenn man sich auf eine Diskussion einlässt. Im Bewusstsein, dass unsere Worte widerspiegeln, wie wir unser Dasein gestalten, fordert Meister Dôgen seine Schüler auf, sich mit »Zuneigung und Respekt« an die anderen zu wenden, »in einer Sprache, die frei ist von Gewalt und Verachtung«.

Wenn wir diesen Rat beherzigen, werden wir nicht nur merken, wie sich die Spannungen und die Aggressivität um uns herum auflösen, wir fühlen auch, wie wohl uns das selber tut. Wir alle haben irgendwann die Erfahrung gemacht, einem Menschen mit Worten Gewalt anzutun. Wir kennen alle diesen bitteren Geschmack, den solche Gewalt hinterlässt, so belebend sie auch für den Moment sein mag. Es ist der bittere Geschmack der Scham. Die Scham darüber, dass wir Mittel benutzt haben, die unserer nicht würdig sind.

Entfaltet sich dagegen eine Diskussion in einem Klima der Ehrlichkeit, des Respekts und der Aufmerksamkeit, fühlen wir uns »behaglich« und sind den anderen gegenüber wohlwollend eingestellt. Es ist dann nicht so wichtig, ob man Recht oder Unrecht hat. Das Wesentliche spielt sich auf einer anderen Ebene ab: dort, wo Worte und Emotionen frei fließen können.

I shin den shin zu kommunizieren tut uns gut, körperlich und emotional. Wenn wir reden, befürchten wir weder angreifen zu müssen noch angegriffen zu werden. Ohne Stress und ohne Angst verfeinern wir unser Denken und unsere Wahrnehmung und erleben, wie sich echte Kommunikation anfühlt.

Von Seele zu Seele, von Herz zu Herz.

禅

Die Übung

Seien Sie geschickt in der Wahl Ihrer Mittel
»Geschicklichkeit in der Methode«, Sanskrit: *uppa*, bezieht sich auf die Fähigkeit des Meisters, seine Schüler zur Erleuchtung zu bringen. Die Mittel, die er dazu wählt, sind individuell angepasst und unterscheiden sich je nach Charakter und Entwicklungsstand des Schülers. Der eine wird monatelang den Hof fegen, der andere dem Koch bei der Arbeit helfen, und wieder ein anderer wird über einem *koan* sitzen.

Wenn es um die Kommunikation in der Paarbeziehung geht, läuft »Geschicklichkeit in der Methode« darauf hinaus, dass man die Persönlichkeit des Menschen, mit dem man sein Leben teilt, berücksichtigt.

Versuchen Sie, seine und Ihre Art zu funktionieren zu respektieren, um mit ihm auf einer Wellenlänge zu sein.

Beispiele:

- Wenn er von der Arbeit kommt, entspannt er sich gern in seiner Ecke
- Sie braucht ermutigende Worte, wenn sie ins Zweifeln gerät
- Ihm fällt es schwer, sich nach einem Streit schnell wieder zu versöhnen
- Manche Themen sind heikel: z. B. seine Mutter, seine Kumpel, die Leidenschaft für Fußball (bei ihm) oder für Shopping (bei ihr)

Wenn Sie in groben Zügen wissen, wie Sie beide funktionieren, dann versuchen Sie, was die Kommunikation betrifft, Rücksicht auf die vordringlichen Bedürfnisse Ihres Partners zu nehmen.

Sie können zum Beispiel beschließen, gewisse Diskussionen zu verschieben und dafür andere zu einem bestimmten Zeitpunkt im Tageslauf oder in der Woche zu führen. Sie sollten gewisse Themen nur mit größtem Feingefühl angehen und auch damit aufhören, sein (ihr) Verhalten um jeden Preis ändern zu wollen.

Vergessen Sie nicht, mit ihm (ihr) darüber zu sprechen, was Sie ganz besonders brauchen, aber liefern Sie ihm keine Gebrauchsanweisung. Wenn Sie Ermutigung oder Trost brauchen, dann geben Sie ihm nicht vor, auf welche Weise Sie das gerne hätten.

Seien Sie vorbildlich

Im Zen bedeutet sich vorbildlich zu verhalten nicht, dass man unfehlbar oder ein Held wäre. Es bedeutet ganz einfach: selber in die Tat umsetzen, was man vom anderen fordert, statt von anderen zu fordern, das zu praktizieren, was man sich selbst nicht abverlangt.

Nehmen Sie Ihr Verhalten unter die Lupe, bevor Sie Ihren Partner mit Vorwürfen überhäufen: Zeige ich Respekt? Kann ich trösten? Bin ich besitzergreifend, eifersüchtig, kleinlich?

Anschließend überprüfen Sie die verschiedenen Möglichkeiten, Ihr Verhalten etwas mehr den Forderungen anzupassen, die Sie an ihn stellen,

Die vier Goldenen Regeln

Thich Nhat Hanh schreibt, rechte Rede bestehe darin, sich der folgenden vier Handlungen zu enthalten:

- *Nicht die Wahrheit sagen*
- *Übertreiben*
- *Klatsch verbreiten*
- *Grobheiten sagen*

Sie können sie auf einen Zettel schreiben und an Ihren Kühlschrank kleben, damit die ganze Familie etwas davon hat!

Die Frage zum Meditieren

Wovor habe ich Angst, wenn ich mich belüge?

IV

MIT LIEBE LIEBEN

Der blaue Berg ist der Vater der weißen Wolke.
Die weiße Wolke ist die Tochter des blauen Berges.
Den ganzen Tag lang hängen sie voneinander ab
ohne voneinander abhängig zu sein.
Die weiße Wolke ist immer die weiße Wolke,
der blaue Berg ist immer der blaue Berg.
Meister Tozan

Weder unabhängig noch abhängig, sondern wechselseitig verbunden. Für Zen ist es dies subtile Gleichgewicht, in das sich der freie Mensch, umgeben von allem, was lebt, begibt. Frei von dem Glauben, dass sein Dasein ausschließlich von einem anderen oder von ihm selbst abhängt, aber mit dem Bewusstsein, dass seine Handlungen und Worte ihm den richtigen Platz in der großen Kette des Lebens zuweisen.

Manche Menschen nähern sich der Vorstellung, als Paar zu leben, mit großem Vorbehalt, weil sie den Augenblick fürchten, in dem ihnen klar wird, dass ihr Leben unentwirrbar mit dem des anderen vermengt ist. Dass ihre Zeit, ihre Pläne und ihre Selbstwahrnehmung nicht mehr von ihnen allein abhängen. Diese Zweifel sind nicht unbegründet.

Oft wird die Ehe am Ende zu einem Raum, in dem die Luft knapp geworden ist, weil man sich 24 Stunden am Stück ohne Pause darin aufgehalten hat. So kommt dann der Tag, wo man sich entscheidet, die Tür weit aufzumachen, um in vollen Zügen frische Luft zu atmen. Wenn man dann draußen ist, bekommen die banalsten Alltagsaktivitäten – ins Kino gehen, ein Spaziergang im Wald, auf der Straße flanieren – wieder einen ganz neuen Geschmack. Man entdeckt wieder das Vergnügen, allein zu sein, und fühlt sich lebendig wie vor einer großen Reise. Und man schwört sich, nicht wieder in die Falle eines Lebens zu zweit zu gehen.

Es passiert auch, dass »das Zimmer eines Lebens zu zweit« im Lauf der Zeit zu einem Wartesaal geworden ist. Man wechselt Worte ohne Bedeutung und hält sich dort auf, ohne wirklich präsent zu sein, kurz gesagt, man bringt dort seine Zeit herum. Diesen Raum zu verlassen fordert von uns keine große Anstrengung und verursacht auch kein großes Leid.

In beiden Fällen können wir feststellen, wie wenig Unabhängigkeit oder Abhängigkeit, im Übermaß gelebt, zu einem erfüllenden Leben zu zweit passen. In wechselseitigem Verbundensein zu leben heißt, den richtigen Abstand zu finden. Nicht zu nah und nicht zu weit entfernt. Die eigene Individualität respektieren und sich dabei bewusst sein, dass jedes unserer Worte und jede unserer Handlungen positive oder negative Auswirkungen auf die, mit denen wir leben, haben.

Sich zu fragen, was an unserer Beziehung einengend oder befreiend wirkt, für uns selbst wie für den anderen, sollte zu unserer täglichen »Gefühlshygiene« gehören.

Praktisch heißt das, dass wir uns über die Distanz, die wir in der Beziehung einnehmen, klar werden und über die Art von Liebe, die wir dem anderen angedeihen lassen.

Verwechseln wir nicht Liebe mit Abhängigkeit? Autonomie mit Egoismus? Großzügigkeit mit Einflussnahme?

1

Nichts festhalten wollen

Form ist nichts als Leere, Leere ist nichts als Form.
Buddha, Herz-Sutra

Wenn Buddhisten vom Begriff des »Nicht-Anhaftens« sprechen, denken viele, es ginge darum, Leidenschaft zu verringern, indem man sein Herz vor Emotionen verschließt, darum, seine Sensibilität zu betäuben, um sich vor Leiden zu schützen.

»Ohne Liebe«, denken manche, »wäre mein Leben um vieles einfacher und bequemer!« Das stimmt, aber es ist auch nicht zu leugnen, dass es dann fader und kälter wäre. Wir verwechseln nämlich »Nicht-Anhaften« mit Gleichgültigkeit in Gefühlsdingen.

In Wirklichkeit versteht der Buddhismus unter »Nicht-Anhaften«, dass man nicht an der Form hängen soll. Alles Lebendige unterliegt der Wandlung. Wenn man die Form festhalten will, ist das so, als würde man aufhören, sein erwachsen gewordenes Kind zu lieben, weil es nicht mehr das Baby ist, das es einmal war. Die Form ändert sich, das Wesen bleibt.

Als Paar beschränken wir uns nicht darauf, mit Lust und Sehnsucht an die leidenschaftlichen Umarmungen der ersten Zeit zu denken, wir beschwören auch die Erinnerung, um daran den Abgrund zu messen, der sie von unseren Umarmungen heute trennt. Und wenn wir nicht darum kämpfen, den gleichen Stand zu halten, quälen wir uns damit, die Höhe der Verluste, echter oder nur eingebildeter, zu bemessen.

Wenn wir eine glückliche Zeit verleben, fragen wir uns ängstlich, mit welchen Mitteln wir sie so lange wie möglich ausdehnen könnten. Alles, nur nicht den großen Sprung ins Unbekannte tun!

Hinter dem tiefen Bedürfnis, an der Form festzuhalten, steckt unsere größte Angst: die Angst, eines Tages zu sterben. Nicht nur unsere leidenschaftlichen Beziehungen, auch, dass wir an unseren kleinen Gewohnheiten so sehr hängen, zeigt, wie schwer es für uns ist, den Gedanken an die Sterblichkeit zuzulassen.

Solange die Form unverändert ist, fühlen wir uns unsterblich. Aber sowie sie sich verändert, empfinden wir beklemmende Angst. Auch wenn wir sehr wohl wissen, dass alles, was lebt, der Veränderung unterliegt, setzen wir nichtsdestoweniger all unsere Kraft daran, einen Zustand, der uns heute zufrieden und glücklich macht, für alle Zeiten aufrecht zu erhalten. Wenn wir darin Meister sind – aber das ist nur eine Illusion – glauben wir einen Aufschub zu bekommen und der Zeit ein Stückchen Ewigkeit geraubt zu haben. Aber was weiß man vom Licht, wenn man keinen Schatten kennt?

Im Zen-Buddhismus heißt es: Wer nicht jeden Tag stirbt, der lebt nicht. Auf Japanisch: *Shindareba kosso ikitare.* »Nur durch den Tod kommt man zum Leben«. Wenn man nicht immer wieder diesen Zyklus von Leben und Tod bewusst und nah erlebt, weiß man nicht, was Leben bedeutet. In dieser Perspektive besteht die Erfahrung des Todes darin, die Form vom Wesen zu trennen.

Wenn wir eine Trennung bewältigen müssen, dann verlieren wir das Objekt unserer Liebe, nicht aber die Fähigkeit, zu lieben und geliebt zu werden. In diesem Fall bedeutet die Form vom Wesen zu trennen, zu akzeptieren – wenn der Kummer erst einmal überwunden ist –, dass die Liebe die Form geändert hat, das Wesen aber fortbesteht und das Leben uns eine neue Form bescheren wird. Wenn man sich in übertriebenem Maße an die Form klammert, läuft man Gefahr, mitzusterben, wenn die Liebesbeziehung bzw. die Form stirbt. Wenn man es aber schafft einzusehen, dass sie ihrer Natur nach unbeständig ist, kann man das Wesen in jeder neuen Form erkennen.

Wenn sich die Ehe also verändert, wenn sich die Liebesbeziehung weiter entwickelt, sollte man sich, statt sich dem Bedauern hinzugeben, fragen, ob es das Wesen der Liebe selbst ist, was sich verändert hat, oder einfach nur die Form.

Thich Nhat Hanh erklärt, dass es im Vietnamesischen zwei Begriffe für »Liebe« gibt. *Tingh,* die Leidenschaft, und *nghià,* die ruhige Liebe, die in Verständnis und Vertrauen besteht. Erstere schwindet im Lauf der Zeit und weicht allmählich der zweiten. Die Form der Liebe ändert sich, aber ihr Wesen bleibt bestehen.

Sind wir uns dessen immer bewusst, oder sind wir zu beschäftigt mit dem Versuch, eine ideale »Ehe als Form« zu konstruieren, zu konzentriert darauf, die »Form Ehe« perfekt aufrecht zu erhalten?

禅

Die Übung

Das Album des Nicht-Anhaftens

Tragen Sie Fotos von sich zusammen, von den ältesten bis zu erst kürzlich aufgenommenen. Suchen Sie eins heraus, das jeweils einen Lebensabschnitt repräsentiert: als Baby, mit 2 Jahren, mit 5 Jahren, mit 10 Jahren, mit 15 Jahren, mit 20 Jahren, mit 25 Jahren, mit 35 Jahren usw.

Nehmen Sie ein Heft und kleben Sie ein Foto pro Seite ein. Schreiben Sie oben auf jede Seite mit großen Buchstaben: »Ich bin – Ich bin nicht mehr.« Betrachten Sie die Fotos aufmerksam, und sprechen Sie dabei diesen Satz mit lauter Stimme. Spüren Sie, was bei jedem Foto in Ihnen vorgeht, vertreiben Sie die Gefühle nicht und versuchen Sie nicht, sie festzuhalten.

Verfahren Sie dann auf gleiche Weise mit Fotos von Ihnen als Paar, von den ältesten bis zu den neuesten, und schreiben Sie über jedes: »Wir sind – wir sind nicht mehr.«

Wenn man diese Übung regelmäßig macht, hilft das, mit jeder Bewegung des Lebens mitzugehen.

Tod und Wiedergeburt

Machen Sie sich mit dem Phänomen »Tod und Wiedergeburt« vertraut. Sprechen Sie an mehreren Tagen hintereinander vor dem Einschlafen den Satz: »An diesem Abend sterbe ich, morgen werde ich wiedergeboren.«

Sagen Sie »Lebewohl«

Sie haben glückliche Momente erlebt und auch eher unangenehme (wir sprechen hier nicht von dramatischen Ereignissen, sondern von normalen Momenten des Alltags, positiv oder negativ, die Sie geprägt haben, und an denen Sie immer noch zu sehr hängen).

Treffen Sie eine Auswahl und finden Sie für jeden von ihnen eine symbolische Darstellung: ein schon bestehendes Objekt, oder eins, das Sie gestalten, einen Brief, ein Foto oder eine Zeichnung.

Lassen Sie sich in Ruhe nieder und lassen Sie die Gefühle hochkommen, die dadurch hervorgerufen werden, und sagen Sie laut: »Die Vergangenheit ist nicht mehr, ich lebe in der Gegenwart.« Verabschieden Sie sich mit einem »Lebewohl.« Dann werfen Sie die Symbole, die Sie in Händen halten, weg oder verbrennen Sie sie.

Die Frage zum Meditieren

Was habe ich seit meiner Geburt unverändert beibehalten?

2

Mitgefühl entwickeln

Der Mensch schaut die Blume an, die Blume lächelt.
Koan

Wenn wir uns fragen, was wir an erster Stelle von einem Freund erwarten, dann zögern wir mit unserer Antwort nicht lange.

Wir erwarten Verständnis. Darum haben wir ihm ja die Tür zu unserem Herzen geöffnet. Was ist, wenn wir in Trübsinn verfallen, uns ein Schicksalsschlag trifft oder wir jemand zum Anpacken brauchen? Wir wissen, dass wir auf ihn zählen können. So wie er auch auf uns zählen kann. Die wahre Freundschaft beruht auf nichts anderem als auf diesem stillschweigenden Einverständnis.

»Dir kann ich meine schwachen Seiten zeigen, meine Fehler, meine Zweifel, denn du verstehst mich, ohne mich zu verurteilen.« Dies Gefühl erfüllt unser Herz, wenn wir an einen Freund denken. Das soll nicht heißen, dass dieser Freund alles, was wir tun, bedingungslos gutheißt. Im Gegenteil, gerade, weil er uns kennt und besser versteht als irgendjemand, ist er derjenige, der seine Wachsamkeit und seinen kritischen Geist einsetzen kann, wenn es uns gerade daran mangelt.

»Ohne Begreifen gibt es keine wirkliche Liebe«, schreibt Thich Nhat Hanh. Und er meint hier das verstehende Begreifen (»compréhension«) ganz wörtlich als ein Ergreifen und Packen.

Wenn wir in den Armen eines Freundes in Tränen ausbrechen, dann erwarten wir, dass er nicht nur intellektuell versteht, woran wir leiden, wir hoffen auch, dass wir in seinen Worten und in seinen Armen Trost finden.

Wir brauchen vor allem seine liebevolle Gegenwart. Auch seine Fragen und seine Erklärungen werden uns sicher guttun, aber erst später.

Hier und jetzt, in unserer Traurigkeit, in unserem tiefsten Kummer, brauchen wir das Gefühl, dass er bei uns ist, dass er uns in die Arme nimmt. Das ist Mitgefühl. Die intensive und warme Anwesenheit eines Menschen an unserer Seite.

Vielleicht sollten wir uns auf den ursprünglichen Sinn des Begriffs Mitleid oder Mitgefühl zurückbesinnen. In unserer jüdisch-christlichen Kultur wird er allzu oft auf ein Gefühl mit dem Beigeschmack der Herablassung reduziert. »Mitgefühl empfinden heißt, sich wirklich um den anderen sorgen«, sagt Thich Nhat Hanh.

Diese ehrliche Sorge, das Elixier der echten Freundschaft, sollten wir eigentlich in einer Liebesbeziehung finden. Sollte unser Lebenspartner nicht mindestens ein Freund sein? Wir teilen das Brot, das Bett, Freuden und Leiden. Aber sind wir sicher, dass wir wirklich diese »ehrliche Sorge um den anderen« empfinden?

Kümmern wir uns um ihn, wenn er traurig ist, so wie wir es gerne hätten, wenn es uns ähnlich ergeht? Akzeptieren wir seine Verirrungen, ohne sie ihm erst einmal heftig vorzuwerfen? Bemühen wir uns, ihn zu verstehen, statt ihn zu verurteilen?

So sicher ist das nicht. Unserer »ernsthaften Sorge um den anderen« steht oft die eigene Bequemlichkeit im Wege – oder das, was wir dafür halten. Wir würden schon geben, aber nur, wenn es uns nicht zu viel kostet. Und wir würden auch Verständnis aufbringen, es darf uns nur nicht selbst in Frage stellen.

Doch im Gegensatz zu dem, was oft geglaubt wird, fordert Mitgefühl von uns gar kein Opfer. Man gewinnt nur! Wenn man Mitgefühl mit dem anderen zeigt, tut man sich selbst etwas Gutes! Je mehr man sein Herz und seinen Geist öffnet, je aufmerksamer und großherziger man ist, desto mehr tut man für sein emotionales Wohlbefinden.

Indem wir zulassen, dass der andere uns berührt und wir seine Gefühle und Worte so aufnehmen, als seien es unsere, verfeinern wir unser Verständnis für die Universalität des Leidens. Und wir fühlen uns nicht mehr voneinander getrennt. Mitgefühl zu zeigen, fordert weder Selbstverleugnung noch verstärkte Sympathiebeweise.

Mitgefühl kommt in den tausend Kleinigkeiten des Alltags zum Ausdruck, in den tausend Blicken, die sagen: »Ich bin bei dir«, »Du bist nicht allein«, oder auch: »Jeder hat ein Recht auf Irrtum«.

Diese kleinen Botschaften können Tore öffnen. Es kommt vor, dass wir vergessen, davon Gebrauch zu machen, und wir vergessen, dass diese Gefühlsäußerungen auch eine Art und Weise sind, den Liebesvertrag, der uns als Paar verbindet, zu erneuern. Besonders in den Momenten, in denen unsere Liebe gerade etwas ins Wanken gerät.

Mitgefühl zu zeigen heißt einfach, dem Geliebten zu sagen, wie wertvoll er für unser Leben ist und dass wir den Wunsch haben, an seiner Seite zu bleiben, wenn er leidet.

Wir alle haben das Bedürfnis, unsere Maske fallen zu lassen und unsere Rüstung abzulegen, uns abzuschminken und unser Gesicht nackt zu zeigen. Wir brauchen das, und wir sollten es tun können, ohne uns in unserem Innersten davor zu fürchten.

Wir sollten auf unseren Freund-Geliebten zählen können. Auf seine Hilfe, auf seine konstruktive Kritik, auf sein Wohlwollen, auf sein Mitgefühl. So wie er auf all das bei uns zählen können sollte.

禅

Die Übung

Das Mantra des Mitgefühls

Das Mitgefühl braucht sich nur auf, wenn man es nicht benutzt!

Wir wären ja gerne großzügiger, aufmerksamer und präsenter. Aber manchmal ist unser Herz wie eingerostet. Wir finden dann Entschuldigungen für unsere Ungeduld (»Ich habe keine Zeit, um mir seine Klagen lang und breit anzuhören, das geht vorbei!«), für unsere Blindheit (»Ich habe gar nicht gemerkt, dass es ihm nicht gut ging«) oder auch unsere Angst (»Er braucht mal eine Woche für sich allein? Und was dann noch?«)

Nehmen Sie ein Foto von ihm (oder ihr) und ein Stück festes Papier, worauf Sie die folgenden Sätze schreiben. Wiederholen Sie sie regelmäßig, von ganzem Herzen, und betrachten Sie dabei das Gesicht Ihres Partners:

- Wie auch du, brauche ich Zärtlichkeit.
- Wie auch du, brauche ich Trost.
- Wie auch du, brauche ich Zeit für mich.
- Wie auch du, brauche ich es, dass man mir zuhört.
- Wie auch du, brauche ich meine Irrtümer.

Die Ausstrahlung

Wenn es uns nicht gut geht, neigen wir manchmal dazu, unseren Schmerz hinter Verhaltensweisen zu verstecken, die paradoxerweise Ärger und Gereiztheit, sogar Aggressivität auslösen können, statt Mitgefühl zu erregen. Als ob wir uns diejenigen fern halten wollten, von denen wir Trost erhoffen könnten.

Wenn Sie das Gefühl haben, Ihr Partner sei ärgerlich, ausweichend oder aggressiv, dann gehen Sie nicht auf sein Spiel ein, weichen ihm aber auch nicht aus. Bleiben Sie bei ihm, ganz still, legen Sie die Hände auf seine Schultern und streicheln ihm den Nacken. Sagen Sie einfach leise: »Ich bin da.« Es steht ihm frei, die Tür, die Sie gerade einen Spalt weit geöffnet haben, aufzumachen oder aber zu schließen. Wenn das der Fall ist, dann verübeln Sie ihm seine Wahl nicht. Das ist seine Sache, Sie haben getan, was richtig war. Belassen Sie es dabei!

Die Frage zum Meditieren

Womit kann ich helfen?

3

Geben und Nehmen können

Diejenigen, die unglücklich sind, sind es, weil sie ihr eigenes Glück gesucht haben; diejenigen, die glücklich sind, sind es, weil sie das Glück der anderen gesucht haben.

Shantideva

Als Seisetsu der Meister von Engaku in Kamakura war, forderte er ein größeres Domizil, denn das, in dem er lehrte, war immer überfüllt.

Umezu Seibei, Kaufmann aus Edo, beschloss, fünfhundert Goldstücke oder Ryo für den Bau einer geräumigeren Schule zu spenden. Er brachte das Geld zum Lehrer.

»Sehr gut, ich nehme es«, sagte Seisetsu.

Umezu gab Seisetsu den Sack voll Gold, war aber mit dessen Verhalten nicht zufrieden. Man hätte ein ganzes Jahr von nur drei Ryo leben können, und der Kaufmann empfing für die fünfhundert nicht einmal Dank.

»Fünfhundert Ryo sind in diesem Sack«, sagte er mit Nachdruck.

»Sie haben mir das bereits gesagt«, antwortete Seisetsu.

»Selbst für einen wohlhabenden Kaufmann wie mich sind fünfhundert Ryo viel Geld.«

»Wollen Sie, dass ich Ihnen dafür danke?«

»Da sollten Sie tun«, sagte Umezu.

»Warum?« fragte Seisetsu. »Der Geber muss dankbar sein.«

Großzügigkeit liegt nicht so sehr im Geben, sondern darin, dass man es dem anderen möglich macht, Großzügigkeit zu üben. Das ist die Lektion dieser Zen-Geschichte, präzise und heftig wie ein Säbelhieb.

Wir geben Dinge, Zeit, Worte und Gesten, und bewusst oder nicht, erwarten wir, etwas dafür zurück zu bekommen. Wie oft werfen wir dem Partner Undankbarkeit vor, wie oft wirft er uns das Gleiche vor?

Bereit, die Undankbarkeit des Beschenkten herauszustreichen, geben wir uns nur selten die Mühe, das Wohlgefühl zu spüren, das uns überkommt, wenn wir etwas geben. Im Zen gibt es ein Wort, um eine echte Herzensgabe zu bezeichnen: *fuse,* das Geben ohne bestimmte Absicht und ohne einen Gewinn daraus ziehen zu wollen. Man könnte es mit »Geben um des Gebens willen« übersetzen.

Dieses Wohlgefühl sollte eigentlich unser wahrer Lohn sein. Wenn der andere uns dankt, ist das doppelter Lohn. Tut er es nicht, geben wir uns mit dem Glück, etwas gegeben zu haben, zufrieden. Im Zen ist Dankbarkeit keine Verpflichtung, keine Pflicht, nicht einmal höfliches Benehmen, sie ist Ausdruck eines offenen Herzens und eines klaren Bewusstseins.

Sie ermöglicht die Erfahrung des wechselseitigen Verbundenseins zwischen allen Wesen und die Gelegenheit, dem Leben in seiner Fülle zu danken.

»Wo es Dankbarkeit gibt, gibt es kein Leiden«, schreibt der Meister Thich Nhat Hanh.

Dankbar sein, für das, was ist, für das, was man hat, hier und jetzt, statt zu beklagen oder zu fordern, was man nicht hat, ist sicher das beste Mittel, die Bitterkeit aus dem Herzen zu verjagen, aus der Rolle des Opfers herauszukommen und Frieden im Geist zu finden. Ein klarer und fröhlicher Geist, der alle, die er trifft, mit seinem Strahlen ansteckt.

Wenn man dem anderen Undankbarkeit vorwirft, dann deshalb, weil unsere Gabe nicht ganz uneigennützig ist. Wir möchten schon geben, aber unser Ego erwartet seinen gebührenden Anteil. In den Blicken der anderen zu lesen, dass man unersetzlich, wertvoll, großzügig ist, das ist die höchste Belohnung. Vor allem nichts umsonst geben! Mit dieser Einstellung bereitet man den Boden für Konflikte und Abhängigkeit. »Wie kommst du dazu, so mit mir zu sprechen und mich so zu behandeln? Ich habe doch ...« und dann folgt eine lange Liste von Aufmerksamkeiten, Geschenken und anderen Opfern, zu denen wir aus purer Herzensgüte bereit waren, versteht sich! Wie kann man dieses uneingestandene Feilschen, dieses krämerhafte Kalkül als Geschenk ansehen?

In Wirklichkeit können wir meistens weder geben noch nehmen. Wie oft nehmen wir etwas an und denken dabei entweder, dass wir das nicht verdienen oder dass es nicht genug sei oder dass wir verpflichtet sein werden, unsererseits etwas zu geben?

Wie sollen wir uns denn dann glücklich fühlen bei der Vorstellung, dass wir jemand anders geholfen haben, sich durch Geben etwas Gutes zu tun?

Wir können dieses subtile Vergnügen nicht empfinden, weil wir, wenn wir geben, es nicht verstehen, uns allein mit dem Wohlgefühl zu begnügen, das uns das Geben verschafft. Solange uns das nicht bewusst ist, geben wir mit einer Absicht und haben unseren Nutzen dabei im Sinn. Wir kommen aus berechnenden und abhängigen Beziehungen nicht heraus.

Geben und nehmen können heißt auch, dass man seinem Partner sagt, wie sehr man es schätzt, mit ihm zusammenzuleben, Tag für Tag.

»Es ist schön, mit dir zusammenzuleben.« »Ich habe es so gern, dich zuhause vorzufinden.« »Ich schlafe schlecht, wenn ich dich nicht neben mir fühle.« Zu oft hindert uns eine falsche Scham, aber sicher noch mehr der Egoismus oder die Faulheit, diese kleinen Kieselsteine der Dankbarkeit zu streuen. Wenn wir unser emotionales Wohlbefinden für selbstverständlich halten, machen wir es uns im breiten Bett der Gewohnheit bequem und berauben uns der schönen Spannung, die ein liebevolles Kompliment schafft.

Im Zen dankt der Schüler dem Meister für die Stockschläge. Der teilt sie traditionsgemäß leichter aus als Zärtlichkeiten!

Es fällt uns schwer, uneigennützig Zärtlichkeiten zu verschenken, wie sollten wir uns dann bedanken, wenn wir Stockschläge erhalten?

Wenn uns wirklich bewusst wäre, dass alles, was wir erleben, uns etwas lehrt, das Harte wie das Angenehme, das Volle wie das Leere, dann würden wir für all das danken, was uns das Leben schickt. Wir würden aufhören, die Welt in »gerecht« und »ungerecht« aufzuteilen. Und wir würden aufhören, bei unserem Partner nur die »guten Seiten« zu lieben.

Wir könnten einen Zustand innerer Ausgeglichenheit bewahren und wären zugleich wachsam und dankbar. Wir könnten schließlich hinter jeder Situation, die wir durchleben, die Hand des Lehrers sehen.

禪

Die Übung

Danke

Immer, wenn Sie daran denken, morgens beim Aufwachen und abends beim Einschlafen, sagen Sie einfach: »Danke.«

Aus ganzem Herzen.

Die leise Dankbarkeit

Danken Sie Ihrem Partner. Aber nicht mit großen Erklärungen und Reden. Zeigen Sie Ihre Dankbarkeit, indem Sie warm und fühlbar gegenwärtig sind. Mit Ihren eigenen Worten und Gesten.

Spüren Sie, wie sehr Sie schätzen, was er ist, jenseits von Ausfällen, Schwächen und Versäumnissen. Spüren Sie die Liebe, die Sie für sein ganzes Wesen empfinden. Dieser Mann, diese Frau, der oder die mit Ihnen lebt, geht Tag für Tag an Ihrer Seite. Manchmal strauchelt der eine oder fällt hin und erhebt sich dann wieder.

Danken Sie für diesen langen Weg voller Hindernisse, auf dem Sie zusammen gehen, so gut Sie können.

Üben Sie *fuse*

Heute oder morgen oder in einem Monat, das ist egal, aber schenken Sie Ihrem Partner etwas, das Sie viel kostet, ohne Ihre Bemühung herauszustreichen.

Dass er für sich ohne Sie Zeit verbringen kann, einen Besuch bei seiner Familie, eine Sache, die er wahnsinnig gerne hätte. Spüren Sie das Wohlgefühl, das sich in Ihnen ausbreitet, und geben Sie es weiter. Dies Gefühl, von innen heraus erwärmt zu sein. Kosten Sie dieses Gefühl so intensiv wie möglich aus. Und während Sie Ihre Gabe überbringen, sagen Sie innerlich Danke zu Ihrem Partner.

Danken Sie überhaupt innerlich jedes Mal dem Empfänger Ihrer Gabe.

Die Frage zum Meditieren

Was habe ich heute bekommen?

4

Standhaft bleiben

Wenn nichts mehr zu machen ist, was macht ihr dann?
Koan

»Woher kommst du?« fragte Tsing-k'ing einen Mönch.
»Von den Drei Bergen«, antwortete der Mönch.
»Wo hast du deinen letzten Retreat verbracht?«
»Auf den Fünf Bergen.«
»Ich werde dir dreißig Schläge mit meinem großen Stock geben.«
»Warum das?«
»Weil du von einem Kloster zum anderen gehst.«

Dieser kurze Dialog veranschaulicht, welche Bedeutung Ausdauer und Standhaftigkeit im Zen besitzen.

Welchen Wert hätte auch der Unterricht in einem Kloster, das der Mönch wie ein Hotel aussucht, nach Kriterien wie der eigenen Bequemlichkeit, sympathischen Mitschülern oder auch der Qualität der Küche?

Um Erleuchtung zu erlangen, darf man nicht auswählen, nicht aussortieren, nicht unterscheiden. Im Gegenteil, zur Erleuchtung gelangt man mit dem, was uns das Leben zur Verfügung stellt, lehrt uns Zen. Sein Bestes tun mit dem, was uns gegeben ist.

Großer *Glauben,* großer *Zweifel,* große *Entschlossenheit.* Wir haben gesehen, dass die Verbindung dieser drei Eigenschaften für Meister Hakuin die absolute Vorbedingung für die Praxis des wahren Zen ist. Um die beiden ersten zu pflegen, müssen wir uns als Paar nicht besonders anstrengen, aber leider macht uns meistens die letzte die größte Mühe.

Eigentlich sind wir nicht einmal sicher, ob Entschlossenheit bei einem Paar wirklich eine Qualität darstellt. Diejenigen, die eine Therapie beginnen, um ihre Ehe zu retten, betrachten wir eher mit Skepsis und herablassendem Mitleid als mit Bewunderung. Entschlossenheit nimmt den Platz ein, der vakant geworden ist, weil Lust und, schlimmer noch, die Liebe ihn verlassen haben, denken wir. Dieses Paar erreicht höchstens einen Aufschub, aber sie werden es nicht schaffen, die kleine Flamme wieder zu entfachen.

Wenn wir die Kraft der Entschlossenheit missachten, dann deshalb, weil wir in Wirklichkeit noch an die Märchen unserer Kindheit glauben. Wir möchten Magie, wir möchten eine Liebe, die uns mitreißt und trägt, wir möchten die passiven und beglückten Zuschauer unserer schönen Romanze sein. Vor allem aber wollen wir keine Anstrengungen leisten, um Tag und Nacht im Wunderland zu leben.

Untreue? Eine Zeit, in der wir uns nicht gut verstehen? Das Gefühl andauernder Langeweile? Wir sind dabei, uns den »Anfang vom Ende« zu prophezeien, mit Fatalismus und Bitterkeit. Wir sind zwar entschlossen, aber nur entschlossen, nicht zu leiden, zu fliehen, sobald die Gefahr näher kommt. Von »Kloster zu Kloster« fliehend sind wir der Mönch, der seine Unterweisungen nach den Kriterien der Bequemlichkeit aussucht und am Ende seiner Rundreise nichts als Prügel mit dem Stock bekommt. Sofern sich ein Meister findet, der sich die Mühe macht, uns heilsame Stockschläge zu verabreichen.

Vor einigen Jahren stellte eine amerikanische Studie fest, dass diejenigen Ehen am haltbarsten und glücklichsten waren, bei denen die Partner optimistisch und kampffreudig über ihre Beziehung sprachen. Sie sahen sich buchstäblich zusammen vorwärts gehen, Tag um Tag Hindernisse überwinden, straucheln und sich dann wieder erheben bis ans Ende ihrer Geschichte. Die Entschlossenheit war ein Hauptbestandteil ihrer Liebe.

Wenn man entschlossen ist, nicht gleich beim ersten Hindernis schwankend zu werden und nach dem Hinfallen wieder aufzustehen, kann man aus jeder Prüfung viel lernen. Über sich selbst und den anderen. Flüchtet man dagegen vor der geringsten Bedrohung, kann man sich vielleicht vor Schmerz bewahren, aber man verdammt sich selbst zur Unwissenheit. Jede Ehekrise fördert Wissen in kleinen Brocken zutage. Was fehlt uns? Was würden wir gewinnen, wenn wir die Perspektive wechselten? Was schwebt uns vor, wenn wir flüchten?

Entschlossenheit ist die andere Seite der Lust und der Liebe. Ohne sie sind Lust und Liebe nur ein Aufschwung ohne Folgen, flüchtige Impulse. Wie wollen wir die Tiefe und Echtheit unserer Gefühle messen, wenn wir nicht entschlossen bleiben? Entschlossenheit ist auch der kleine Stachel, der uns in den Momenten, wenn wir am liebsten aufgeben würden, wieder wach macht. Bei einem Paar, das weiß, dass die Liebe gepflegt und genährt werden muss, verhindert die Standhaftigkeit des einen, dass der andere zu sehr in Passivität oder Fatalismus abgleitet. Die Energie dieser Qualität ist ansteckend.

Kann man sich einen schöneren Liebesbeweis denken – denn auf Liebesbeweise sind wir immer erpicht – als die Entschlossenheit seines Partners, die Beziehung nicht in die Brüche gehen zu lassen?

Kann man selbst einen schöneren Liebesbeweis geben?

Die Übung

Dennoch . . .

Ein Konflikt, eine Krisenzeit oder ein großer Zweifel, der die Beziehung in ihren Grundfesten erschüttert? Verschließen Sie die Ohren vor Ihren eigenen Kassandrarufen und üben Sie das »Dennoch«.

Unterlassen Sie *dennoch* nicht zärtliche Worte oder Gesten, bringen Sie Ihre Beschwerden vor, lassen Sie sich kritisieren, aber vergessen Sie nicht, vielleicht nur nebenbei, zu sagen: »Ich liebe dich *dennoch*.«

Allzu oft verhalten wir uns so, als gäbe es dieses »Dennoch« nicht mehr, und schließlich wird es völlig aus der Beziehung verschwinden. Erinnern wir uns: »Zurzeit ist es sehr schwer mit ihr oder mit ihm, ich weiß nicht mehr, ob ich ihn oder sie liebe, aber ich liebe ihn dennoch«. So lassen wir uns alle Möglichkeiten, in unserer Beziehung nicht auf halbem Wege stehen zu bleiben. Und wenn sie ein Ende nehmen sollte, dann müssen wir nicht bedauern, dass wir mit unseren Gefühlen gespart haben.

Schwer errungene Siege

Erinnern Sie sich an Ihre Siege über sich selbst – materielle, soziale oder berufliche, die Sie errungen hatten, als alle Sie schon verloren gaben. Machen Sie eine Liste davon.

Versuchen Sie jetzt, sich zu erinnern, welche Eigenschaften, welche verborgenen Kräfte Sie mobilisieren mussten, um zu siegen. Überredungsgabe, Hartnäckigkeit, Erfindungsgeist, Entschiedenheit oder Kreativität.

Prüfen Sie so objektiv wie möglich, wie es um Ihre Beziehung steht, und betrachten Sie die reale Lage, auch wenn sie noch so entmutigend ist, als eine Herausforderung. Was für Eigenschaften und Ressourcen könnten Sie mobilisieren?

Jetzt steht es Ihnen frei, sich in die Schlacht gegen Ihre Zweifel zu werfen oder die Zweifel den Sieg davontragen zu lassen!

Die Frage zum Meditieren

Was würde ich auf der Flucht lernen,
was ich nicht schon weiß?

5

Der *Tenzo* seiner Beziehung werden

Macht aus diesem Gemüseblatt, das ihr in euren Fingern wendet, einen prächtigen Sitz des Buddha.
Dôgen, Anweisungen für den Zen-Koch

Meister Dôgen ist eine der berühmtesten Figuren des Zen. Ihm verdanken wir *Shôbôgenzô – Die Schatzkammer des wahren Dharma-Auges* – ein Werk, das er unvollendet ließ und das fünfundneunzig Hefte umfasst.

Schon sehr früh erfasste er das Phänomen der Unbeständigkeit. Er wurde am 2. Januar 1200 in Uji in der Nähe von Tokio geboren. Sein Vater war Minister und seine Mutter entstammte einer bedeutenden Familie. Mit zwei Jahren verlor er seine Mutter und mit sieben Jahren seinen Vater. Als er zwölf Jahre alt war, wurde er im Kloster Enryakuji aufgenommen und dort mit dreizehn Jahren ordiniert.

Da seine spirituellen Ansprüche im Laufe der Jahre wuchsen, verließ er schließlich das Kloster und ging auf die Suche nach neuen Meistern. Die Begegnung mit Meister Eisai war entscheidend, aber der Meister starb kurz darauf und Dôgen wurde von seinem Nachfolger Myozen übernommen. Sechs Jahre später beschlossen die beiden, nach China zu reisen und ihre Suche fortzusetzen. Dôgen, der hartnäckig war, wanderte zwei Jahre lang immer weiter von Kloster zu Kloster, um denjenigen zu finden, der eine Antwort auf seine existenziellen Fragen wusste.

Inzwischen wurde Myozen, der sich im Bergkloster Tient'ung niedergelassen hatte, ernstlich krank. Dôgen traf eines Tages einen alten Mönch, der ihm riet, sich zu Nyojo zu begeben, dem Abt des Bergklosters Tien-t'ung. Sie trafen sich am 1. Mai 1225; im gleichen Kloster starb Myozen am 23. Mai.

In Nyojo hatte Dôgen endlich seinen Meister gefunden. Er blieb bis zum Herbst 1227 bei ihm und reiste dann mit der Asche von Myozen nach Japan zurück.

Von den Lehren, die er aus China mitbrachte und in Japan verbreiten wollte, lagen ihm besonders »Die Regeln für das Klosterleben« (Zenonshingi, aufgestellt von Meister Pai-Chang Huai-hai) am Herzen, da nach Meinung Dôgens die Disziplin in den Klöstern zu wünschen übrigließ.

Bei dieser Klosterordnung gibt es ein besonders wichtiges Kapitel: »Unterweisungen für den Koch«. Der Koch, der *tenzo,* nimmt im Zen-Buddhismus tatsächlich eine herausragende Stellung ein; er kommt gleich nach dem Abt.

Wenn man die Funktion des *tenzo* übernimmt, sind nach Dôgen drei wesentliche Qualitäten notwendig, um als *tenzo* den Geist des Weges zu realisieren: ein von Freude erfüllter Geist *(kishin),* vorurteilsfrei und großzügig *(daishin),* ein Geist, der von Liebe und Wohlwollen erfüllt ist, *(roshin),* es ist der Geist der Eltern gegenüber ihrem Kind.

Ohne diese Eigenschaften bleiben die Gesten eines Kochs, so effektiv und sorgfältig sie auch sein mögen, sinnleer. Drei »Grundqualitäten«, die nur durch die tägliche Übung erworben und verstärkt werden. Ein Meister hat einmal gesagt: »Wenn er seine Ärmel aufkrempelt, lässt der Koch den Geist des Weges Wirklichkeit werden.«

Für Dôgen gibt es keine Tugend ohne Praxis und keine

Praxis ohne Tugend. Sein Text, der die Funktion des *tenzo* sehr konkret behandelt, ist so etwas wie eine Bibel für all diejenigen geworden, die auf der Suche nach dem wahren Zen sind; er könnte auch für alle Paare eine Bibel sein. Man lernt dort tatsächlich, Anspruch und Wirklichkeit zu vereinen, äußerste Sorgfalt und Phantasie, Demut und Selbstrespekt übereinzubringen.

Der *tenzo* in einem Leben zu zweit zu werden, erfordert in erster Linie, dass man aufhört, den Ereignissen seines Lebens positive oder negative Bewertungen zu geben. Die »gewöhnlichen« sind die, die lastend und langweilig sind, die »außergewöhnlichen« sind die, die Traum und Erregung bedeuten. Solange wir von einem Leben zu zweit erwarten, dass es permanent »außergewöhnlich« ist, begeben wir uns weiterhin auf die Jagd nach dem Einhorn. Ein prachtvolles, faszinierendes Tier, doch es existiert nur in der Phantasie!

Für Zen gibt es das Gewöhnliche nur in unserer Sicht der Dinge. Sollte der *tenzo* meinen, seine Aufgabe sei uninteressant, weil sie sich immer wiederholt und trivial ist, dann würde er in der Erwartung leben, davon befreit zu werden. Weil er aber weiß, dass die bewusste Wiederholung jeder seiner Gesten seinen Geist weitet und ihn die Bedeutung jeder Sekunde seines Lebens ermessen lässt, dankt er jeden Tag für die Gnade, die ihm zuteilwird. Nichts anderes bedeutet es, der *tenzo* seiner Beziehung zu werden. Seine ganze Aufmerksamkeit, seine ganze Sorgfalt und Liebe auf das Gewöhnliche des Lebens zu richten. Dafür muss man mit Sorgfalt und Dankbarkeit all die Zutaten benutzen, die uns der Alltag zur Verfügung stellt.

»Behandelt nicht eine Sache sorgfältig und eine andere nachlässig. Handelt so, dass euch kein Tropfen aus dem

Ozean der Werte entgeht.« Schreibt Dôgen. Wir müssen nicht nur darauf bedacht sein, wachsam zu bleiben, sondern auch in jeder Situation aus uns das Beste machen, ob wir sie nun gewählt haben oder nicht.

»Setzt alles daran, die Vorräte aufs beste zu behandeln und den größten Nutzen daraus zu ziehen. Nichts ist scheußlicher, als sich beim Betrachten der Menge oder Qualität der Lebensmittel der Wut oder der Freude zu überlassen.«

Jeder gemeinsam verbrachte Augenblick sollte Gelegenheit sein, Kreativität und Ausgeglichenheit zu beweisen. Man sollte nicht daran denken, was hätte sein können oder müssen, sondern aus dem Gewöhnlichen Nutzen ziehen, um es noch kostbarer und schmackhafter zu machen. Das ist auch die Empfehlung von Dôgen:

»Betrachtet die gewöhnlichen Dinge nicht mit einem gewöhnlichen Blick, mit gewöhnlichen Gedanken und Gefühlen. Wenn ihr es mit grober Materie zu tun habt, behandelt sie nicht grob; beweist ihr gegenüber ebensoviel Eifer und Aufmerksamkeit, als hättet ihr ein kostbares Objekt vor euch.«

Schließlich muss der *tenzo,* während er sich auf seine Praxis konzentriert, zugleich darauf achten, dass Harmonie um ihn herum herrscht. Seine Gesten sollen nicht nur bewusst und sorgfältig, sondern auch richtig und maßvoll sein.

»Wenn ihr nicht wollt, dass um euch herum Unfrieden herrscht, dann greift nicht in die Rechte der anderen ein.«

Ein kluger Rat, der uns auffordert, nur unser eigenes Terrain zu bestellen.

Ein aufmerksamer, dankbarer, fröhlicher und wohlwollender Koch kennt keine Routine und keine Frustration.

Wenn er weiß, dass er durch seine Sorgfalt ein schlichtes Gemüseblatt in einen »herrlichen Sitz des Buddha« verwandeln kann, wie sollte er es dann wie ein vulgäres Nahrungsmittel behandeln?

Ein wunderschönes *koan* sagt: »Den Tee bereiten und weggehen.«

Wenn man weiß, wie viel Sorgfalt auf die Teezeremonie verwandt wird, die bis zu vier Stunden dauern kann, kann man sich denken, dass dieser *koan* keine Aufforderung ist, so schnell wie möglich eine lästige Arbeit hinter sich zu bringen, um sich dann einer spannenderen Tätigkeit zu widmen.

Ebenfalls würde auch niemand, der einen Mönch sieht, wie er ein prachtvolles tibetisches *mandala* wegfegt, das in Hunderten von Stunden sorgfältigster Arbeit aus farbigem Sand gelegt wurde, auf die Idee kommen, dies sei eine Aufforderung zur Missachtung oder Zerstörung.

Tatsächlich übermitteln diese beiden Praktiken die gleiche Botschaft: Richte deine ganze Aufmerksamkeit auf eine Aufgabe und gib dabei dein Bestes, aber dann, wenn sie erfüllt ist, lass sie hinter dir, ohne dass es dir das Herz zerreißt.

»Den Tee bereiten und gehen« bedeutet totales Engagement und Nicht-Anhaften an der Form. In diesem Geist wirkt auch der Zen-Koch.

Wenn wir all unsere Energie daran setzen, aus unserem Leben zu zweit ein kostbares *mandala* oder eine *chanoyu* (Teezeremonie) zu machen und uns dabei in jeder Sekunde der Vergänglichkeit all dessen bewusst sind, dann wird es uns im Lauf der Zeit sicherlich gelingen, uns immer erfüllter und immer freier zu fühlen.

Immer dankbarer und immer liebevoller.

Die Übung

In den *Regeln für das Klosterleben* heißt es: »Wenn die sechs Geschmacksrichtungen sich nicht in Harmonie befinden und die drei Tugenden nicht vorhanden sind, dann ist diese Mahlzeit nicht wert, zubereitet zu werden.«

Die sechs Geschmacksrichtungen

- Bitter
- Sauer
- Süß
- Scharf
- Salzig
- Fade

Welche Geschmacksnote fehlt Ihrer Beziehung?
Welche Geschmacksnote benutzen Sie im Übermaß?
Welche Geschmacksrichtung benutzen Sie ungern?
Welche Geschmacksnote stößt Sie ab, und warum?
Welche Geschmacksnote haben Sie besonders gern, und warum?

Alle sollen »in Harmonie« zusammenleben. Vergessen Sie das nicht!

Die drei Tugenden

- Geschmeidigkeit – Leichtigkeit
- Klarheit – Frische
- Sorgfalt – Präzision

Welche dieser Tugenden bereitet Ihnen Probleme?

- *Geschmeidigkeit – Leichtigkeit* meint die Fähigkeit, sich anzupassen und eine Situation entschärfen zu können. Nicht dadurch, dass man sie leicht nimmt, sondern indem man sie relativiert.
  Neigen Sie zur Dramatik? Zum Übertreiben? Beharren Sie auf Ihren Positionen? Versuchen Sie zu überzeugen, statt sich zu bemühen, verstanden zu werden?

- *Klarheit – Frische* weist auf Integrität, Vorurteilsfreiheit, Transparenz und den Anfängergeist.
  Neigen Sie zu Heimlichtuereien, wie ein Kind, das Angst hat, etwas Schlimmes zu tun? Geben Sie einen Rat, bevor Sie alle Informationen haben, um sich eine Meinung zu bilden? Fürchten Sie »reingelegt zu werden«?

- *Sorgfalt – Präzision* bezieht sich auf Wachsamkeit, Ausdauer und Freude daran, etwas »gut zu machen«.
  Geben Sie leicht auf? Neigen Sie dazu, sich zu verzetteln? Sagen Sie sich häufig: »Niemand ist perfekt!«, um Ihre Versäumnisse zu rechtfertigen?

Antworten Sie so objektiv wie möglich auf diese Fragen.

Sie kennen die Mittel, um die schwach entwickelten Tugenden zu stärken: zur Ruhe finden, den Geist des Anfängers annehmen und auf Ausdauer setzen.

Jetzt müssen Sie nach Dôgens Rat nur noch »die Ärmel hochkrempeln«. Hier und jetzt!

Die Frage zum Meditieren

»____?«

Schaffen Sie sich selbst Ihre Frage, eine, die Sie an Tagen der Schläfrigkeit wieder wach macht, eine, die Sie daran erinnert, dass alles in Ihren Händen und zu Ihren Füßen liegt.

Eine Geschichte auf den Weg

Sie haben Dôgen kennen gelernt, diesen jungen anspruchsvollen Mönch, der ein großer anspruchsvoller Meister wurde. Kehren wir für einen Moment zu ihm zurück, zu einer ebenso kurzen wie prägenden Begegnung, die er in China hatte. Lassen wir Taïsen Deshimaru die Geschichte wiedergeben, so wie er sie in seinem Buch *Za-Zen, die Praxis des Zen* erzählt.

禅

Mit 24 Jahren begab sich Dôgen nach China, auf der Suche nach dem wahren Zen. Er fand ihn dort nicht. Er fand eine hoch entwickelte Zivilisation vor, aber nicht das, was er suchte. An einem heißen Sommertag, als er sich schon anschickte, nach Japan zurückzukehren, sah er vor einem kleinen Tempel einen sehr alten Mönch, der damit beschäftigt war, Champignons zum Trocknen auszubreiten. Die Hitze war wahrhaft mörderisch, und Dôgen fragte ihn: »Warum arbeitet Ihr so? Ihr seid ein alter Mann und zudem ein Würdenträger. Warum nicht die Jungen dazu auffordern? Und außerdem ist es heute viel zu heiß zum Arbeiten, warum nicht damit auf einen Tag warten, an dem die Hitze etwas abgeklungen ist?«

Die Antwort ist Geschichte geworden: »Ihr kommt aus Japan

und scheint mir ein anständiger junger Mann zu sein. Ihr kennt den Buddhismus, aber habt vom Wesen des Zen nichts verstanden. Ein anderer ist nicht ich, und ich bin kein anderer. Ein anderer kann nicht die Erfahrung machen, wie ich handele. Was ich nicht selbst ausübe, kann ich nicht verstehen. Ich muss meine Erfahrung des Champignontrocknens machen.«

Dôgen war wahrhaft erstaunt. Er fragte dann: »Aber warum heute, bei dieser Hitze?«

Der alte Mönch antwortete: »Hier und jetzt, das ist sehr wichtig. Um Champignons zu trocknen, muss es heiß und nicht feucht sein, morgen könnte es regnen, und die Champignons sind auch nicht mehr so frisch. Ich muss jetzt arbeiten, stört mich nicht. Wenn Ihr den wahren Zen finden wollt, dann geht zu meinem Lehrer, Meister Nyojo.«

Die Philosophie Dôgens ist also auf drei Prinzipien aufgebaut:

Sich auf das Hier und Jetzt konzentrieren.

Ein anderer ist nicht ich, und ich bin nicht der andere.

Shikantaza. *Nichts als sitzen.*

Damit endet der Kommentar von Taïsen Deshimaru, trocken und klar, kurz und knapp wie ein Schlag mit dem *kyosaku.* Mehr braucht es nicht, um uns zu wecken und um das Wesen des wahren Zen zu verstehen.

Ein Leben als Paar, das auf diesen drei Säulen ruht – im gegenwärtigen Moment leben, seine eigene Individualität und die des anderen respektieren und aus dem, was man hat, das Beste machen, was man kann – garantiert uns sicherlich kein wolkenloses Glück, aber es bewahrt uns davor, einer Illusion nach der anderen hinterherzulaufen.

Wenn wir lernen, Tag um Tag unseren Teil der Verantwortung für all das, was uns begegnet, zu übernehmen, wenn wir uns bemühen, Schritt um Schritt vorwärtszugehen, dann werden wir nicht unbedingt klüger oder stärker, wir machen einfach nur die Erfahrung eines voll und ganz gelebten Lebens.

Und wenn wir unser Leben zu zweit betrachten, alles in allem, dann sagen wir vielleicht schließlich doch: »Jeder Tag ist ein guter Tag . . .«

禅

Kleines Glossar des Zen-Buddhismus

Bodhidharma: 28. Patriarch bzw. Nachfolger Buddhas und Begründer des Zen

Bodhisattva: Ein erwachtes Wesen, das allen Wesen hilft, sich zu befreien.

Bodhi: Zustand des erwachten Buddha, Erreichen der Vollkommenen Erkenntnis.

Bonno: Illusion

Buddha: Der Erwachte, der Verwirklichte

Chanoyu: Japanische Teezeremonie

Dharma: Lehre

Dhyana: Meditation, innere Sammlung

Do: Der Weg

Dojo: Ort der Praxis des Weges (*Jo:* Ort)

Eiheiji: Tempel, der 1243 von Meister Dôgen gegründet wurde

Fuse: Gabe ohne Gewinnstreben und Zweck

Gassho: Begrüßungsgeste mit zusammengelegten Händen.

Gyo jite gaku: »Man lernt durch Übung«.

Hishiryo: Denken jenseits des Denkens (von *Hi:* jenseits und *Shiryo:* denken)

I shin den shin: Weitergabe von »Geist zu Geist«

Kai: Gebot

Karma: Handlung, das gesamte Handeln, das dem Gesetz von Ursache und Wirkung unterliegt.

Kesa: Ursprünglich aus grobem Stoff (meist Flickwerk) gefertigtes Mönchsgewand. Im Zen stilisiert zu einem Brustlatz aus Brokatstücken. Der Kesa ist das Symbol der Weitergabe der Lehre von Meister zu Schüler.

Ki: Lebensenergie.

Kin-hin: Gehmeditation

Koan: Ein paradoxer Satz, der den Geist aus seiner Routine aufrütteln und zum Erwachen führen soll.

Kontin: Zustand der Schläfrigkeit während der Meditation (von *Kon:* Dunkelheit und *Tin:* versinken).

Kyosaku: Erweckungsstock

Mu: Leere

Mujo: Vergänglichkeit

Mushotoku: absichtslos und ohne Gewinnstreben

Roshi: alter Meister

Sampai: Begrüßung mit Niederwerfen

Samu: manuelle Arbeit

Sangha: Die Gemeinschaft von Meister und Schülern

Sanzen: Gespräch mit dem Meister

Satori: Erwachen, Erkenntnis

Sensai: Respektvoller Name für den Lehrer

Shijjo: Drei Schläge, die den Beginn von *zazen* ankündigen.

Shikantaza: »nichts als sitzen«

Shin: Geist, Seele, Herz

Shôbôgenzô: Das Schatzkammer-Auge des Wahren Dharma, Titel des Hauptwerks von Dôgen

Sutra: sakraler Text

Tenzo: Chefkoch

Zafu: Ein mit Kapok gefülltes rundes Kissen für die Sitzmeditation

Zanshin: Achtsamkeit

Zazen: Sitzmeditation

Bibliographie

Französische Literatur

Les Dits du Bouddha: le Dhammapada, Albin Michel, 2004

Le Goût du zen, recueil de propos et d'anecdotes, Le Promeneur, 2000

Le Sûtra du diamant, Übersetzung: Philippe Cornu, Fayard, 1977

Brosse, Jacques, *Maître Dôgen, moine zen, philosophe et poète,* Albin Michel, 1998

Brosse, Jacques, *L'univers du zen, histoire, spiritualité et civilisation,* Albin Michel, 2003

Crépon, Pierre, *Les Fleurs de Bouddha, anthologie du bouddhisme,* Albin Michel, 1991

Daido Loori, John, *Célébrer la vie au quotidien: la pratique du zen chez soi,* BD Lys, 2003

Daido Loori, John, *La Rencontre de la réalité, la voie du zen,* BD Lys, 2003

Deshimaru Taïsen, *Questions à un maître zen,* Albin Michel, 1984

Deshimaru Taïsen, *Zen et vie quotidienne,* Albin Michel, 1999

Deshimaru Taïsen, *La Pratique du zen,* Albin Michel, 2002

Deshimaru Taïsen, *Les trésors du zen, textes de maître Dôgen,* Albin Michel, 2003

Maître Dôgen, *Instructions au cuisinier zen,* Le Promeneur, 2001
Hakuin, *Rien qu'un sac de peau,* Albin Michel, 2002
Reps, Paul et Senzaki, Nyogen, *On ne peut voler la lune,* La Table Ronde, 2004
Senzaki, Nyogen, *La flûte de fer:* cents koans zen commentés, Le Rélie, 2004
Smedt, Evelyne (de) et Mollet, Catherine, *Les Patriarches du zen,* Le Rélie, 2004
Suzuki, D.T., *Essai sur le bouddhisme zen,* Albin Michel, 2003
Suzuki, Shunryu, *Esprit zen, esprit neuf,* Le Seuil, 1977
Thich Nhat Hanh, *Clés pour le zen,* Jean-Claude Lattès, 1999
Thich Nhat Hanh, *Enseignements sur l'amour,* Albin Michel, 2004
Thich Nhat Hanh, *Soyez libre là, où vous êtes,* Dangles, 2003

Deutsche Literatur

Brosse, Jacques: *Schweigen, Blüte, Lachen. Die Tradition des Zen,* Walter-Verlag, 1994
Dogen: *Shôbôgenzô – Die Schatzkammer des wahren Dharma-Auges,* Kristkeitz Verlag, 2001
Easwaran, Eknath und Kobbe, Peter: *Dhammapada. Buddhas zentrale Lehren,* Goldmann, München 2006
Hakuin: *Authentisches Zen,* Fischer Taschenbuch Verlag, Frankfurt 1997
Suzuki, Shunryu: *Zen-Geist, Anfänger-Geist,* Theseus Verlag, Berlin, 1997
Taïsen, Deshimaru: *Za-Zen, die Praxis des Zen,* Kristkeitz Verlag, 1991
Taïsen, Deshimaru: *Fragen an einen Zenmeister,* Kristkeitz Verlag, 1987

Thich Nhat Hanh: *Im Hier und Jetzt zuhause sein.* Theseus Verlag, Berlin, 2006
Thich Nhat Hanh: *Nimm das Leben ganz in deine Arme. Die Lehre des Buddha über die Liebe.* DTV, 2006